王譬时代

刘卫华 著

河北出版传媒集团
河北人民出版社
石家庄

图书在版编目（CIP）数据

王CUO时代 / 刘卫华著. -- 石家庄：河北人民出版社，2021.12（2022.3重印）
ISBN 978-7-202-05785-8

Ⅰ.①王… Ⅱ.①刘… Ⅲ.①古国－河北－战国时代－通俗读物 Ⅳ.①K292.2-49

中国版本图书馆CIP数据核字(2021)第261647号

书　　名	王䰍时代
	WANGCUO SHIDAI
著　　者	刘卫华
责任编辑	王　静　陈冠英
美术编辑	李　欣
责任校对	余尚敏
出版发行	河北出版传媒集团　河北人民出版社
	（石家庄市友谊北大街330号）
印　　刷	河北新华第二印刷有限责任公司
开　　本	787毫米×1092毫米　1/16
印　　张	15.75
字　　数	175 000
版　　次	2021年12月第1版　2022年3月第2次印刷
书　　号	ISBN 978-7-202-05785-8
定　　价	50.00元

版权所有　　翻印必究

昙梦辉煌何言短

(代序)

历史并不是静止的,时光的漫漫长河中,流动着一代代先人奔腾不息的生命热血与创造活力。

文物也不是冰冷的,沧桑的件件物品上,凝结着一个个独特生命的辛劳智慧与情感温度。

中山国丰富而独特的文物,总是让人逸兴遄飞、思接千载:是一些什么样的人,在什么样的环境和心境下,以何等高超的技艺创造出了这些奇绝瑰丽的文物?

虽然那些生动的细节和流动的情思已无可追寻,但穿越岁月而遗留下来的文物却提供了清晰的线索,帮助后人去铭记,去追忆,去想象那逝去的人和事。

因为有文物的见证,历史并没有如烟飘散,哪怕是一向以神秘著称的战国中山国。而"䯄",也绝不只是"中山三器"上铭刻的一个单薄的中山国君王的名字。

当年,在繁华的灵寿城,作为高高在上的王,他也有作为一个生命个体的喜怒哀乐。

作为雄心勃勃的少年君主,当初登君位的䯄巡视雄伟而坚固的灵寿城时,他一定被先辈的功业所鼓舞,也更加升腾起开疆拓土、建功立业的雄心。

作为一代雄主,遥对年龄相仿、旗鼓相当的赵武灵王,䯄是否被激励？对于周边环伺的列强，他是一往直前的无畏，还是偶尔心底也会生出丝丝莫名的胆怯？

王䰜时代，是中山国最为强盛的时代。此时的中山国，农业发展，商业繁荣，军事强盛，开疆拓土。最终，年轻的䰜奋几世之余烈，如愿称王，走向成功的顶峰。

王䰜时代，中山国的文化达到了前所未有的高度，在游牧文明与中原华夏文明的融合中走到了黄金点。传统的游牧雄风犹在，新吸收的华夏礼制渐备；中山既保持了军事上的强盛，也具有了治政方面的经验，从而在群雄间纵横捭阖，在太行山麓称雄一时。

如果上天能够给䰜更多一些生命时光，中山国的称雄之路是否可以更远更长？

当尚在英年的王䰜即将无奈地撒手人寰时，他的心中有多少感叹人生太短的怨尤，有多少壮志未酬的不甘，有多少对未竟之业的不舍，又有多少对羽翼未丰的嗣君的无限牵挂？

王䰜看到了国家的繁荣，也深刻意识到国家所面临的危机。在中山王䰜铁足铜鼎和刻铭铜方壶上，他对中山国奋斗历程的荣光进行了大大炫耀，也对中山国面临的危机进行了谆谆告诫。

但是，曾经的荣耀与殷切的嘱托，并没有挽住中山国滑向衰落的命运。王䰜去世以后，中山国的国运江河日下。而在南面的赵国，那位虎视眈眈的赵武灵王，接连向中山发起了进攻。最终，中山国被赵国消灭。

王䰜时代，是中山国昙花一现的辉煌，在达到短暂的灿烂顶点后迅速沉入无边的黑暗。只有中山国留下的那些珍贵文物，向后人展示着它在短短的巅峰期所创造的一时辉煌。而中山国成败兴亡的历程，也颇让人深思。

中山国崛起的历程是漫长而艰辛的，经历文公、武公、桓公、成公几代人的殚精竭虑、奋斗不息，才成就了王䰿的霸业，可以说是先辈长久的积蓄才催开了王䰿时代的灿烂繁花。但是，王䰿之后，中山国却衰败得如此迅疾。

中山国前期的发展得益于其在空中走钢丝般的出色平衡能力，这些平衡能力包括文化吸收与保留间的平衡、在多国间周旋的外交平衡、在尊崇儒学与尚武精神之间的平衡等。尤为突出的是，中山国曾经在游牧文明与华夏文明的结合上达到了最佳状态，既有来自草原的雄风，又融合了中原大地的文明。

但是，中山国却没有能将这种平衡保持长久。王䰿时代的一时繁盛，也为后世埋下了诸多隐患。为了达到称王的目的，中山国的说客在周边大国间摇唇鼓舌，从而在外交上四处结怨。因自觉国力强大又与诸大国并肩称王，中山王骄傲与奢侈之风日盛。而王䰿治政留下的重要政治遗产——那位三朝元老司马赒在王䰿去世后把持朝政、翻云覆雨。在学习华夏礼仪和文化的同时，中山国却也雄风渐失，导致国弱兵惰。

尤为重要的一点是，当赵武灵王将效仿的目光移向戎狄地区并实行胡服骑射时，中山国却没有对自身服饰与军事上的长处表现出格外的珍惜与眷恋。海纳百川，有容乃大，任何一种文化都不能与世隔绝，必须时时与外界保持活跃的能量与信息交换。文明因交流而多彩，因取长补短而发展。但是，学习外来文化时要"不忘本来，吸收外来，面向未来"，那融入民族血脉的精神基因不能舍弃，植根方能铸魂。曾经强大的中山国在强盛之后迅速灭亡，而又一度在历史上长期销声匿迹，是否与它跌落文化夹缝的命运息息相关？

国家的一时强盛可能容易做到，但是保持长治久安和追求更大的霸业，则需要更多的政治智慧。当中山国内政外交方面诸多的天平被一个个接连打翻，那个在高高的钢丝上小心翼翼地行走了多年的高手，便无可逃脱地陷入跌落的命运。

"天空不留翅膀的痕迹，但我已飞过！"王䁐不知道泰戈尔的这句诗。但是，谁能说2000多年后的那个印度诗人道出的不是王䁐临终时无奈与自豪相互交织的心迹。作为一代君王，䁐的翅膀硬过那些飞鸟。他借高大的陵墓、丰富的随葬品、青铜器上的长篇铭文在历史的天空写下了浓墨重彩的一笔，让后人记住了他的时代辉煌，也感受到了强大的中山力量！

昙花虽现一时，但终曾有过盛开的时刻。王䁐时代的中山国霸气四溢，五国相王、伐燕大胜、大量铸造青铜器，在历经几代的奋斗与积蓄之后，那花开爆裂的声音曾经震动四方，其芬芳余韵也穿透了2000多年的时光。正是那份烂漫绽放的璀璨，让后世永远记住并怀念独特而悠远的中山雄风。

昙梦绚烂何言短，刹那辉煌成永恒！

目录

第一章　称王梦圆⋯⋯⋯001
　一、王者荣耀⋯⋯⋯001
　二、王的至上⋯⋯⋯003
　三、王室失势⋯⋯⋯004
　四、竞相称王⋯⋯⋯005
　五、秉钺扬威⋯⋯⋯007
　六、五国相王⋯⋯⋯009
　七、称王得失⋯⋯⋯013

第二章　东进途漫⋯⋯⋯016
　一、雄鹰风采⋯⋯⋯016
　二、白狄由来⋯⋯⋯017
　三、西北岁月⋯⋯⋯021
　四、一路东迁⋯⋯⋯025

第三章　立足太行⋯⋯⋯030
　一、大山崇拜⋯⋯⋯030
　二、依凭太行⋯⋯⋯033
　三、与晋龃龉⋯⋯⋯036
　四、皇祖文武⋯⋯⋯041
　五、魏伐中山⋯⋯⋯044

第四章　宏图大展⋯⋯⋯050
　一、大吉灵石⋯⋯⋯050
　二、桓公复国⋯⋯⋯051
　三、建都灵寿⋯⋯⋯054
　四、修建长城⋯⋯⋯064
　五、引水围鄗⋯⋯⋯066

第五章　走向辉煌⋯⋯⋯072
　一、神兽风采⋯⋯⋯072
　二、仿效华夏⋯⋯⋯074
　三、发展农耕⋯⋯⋯078
　四、商业繁盛⋯⋯⋯081
　五、度量体制⋯⋯⋯083
　六、中山货币⋯⋯⋯085

第六章　争雄制衡⋯⋯⋯090
　一、案里乾坤⋯⋯⋯090
　二、齐可倚欤⋯⋯⋯092
　三、魏亦仇乎⋯⋯⋯094
　四、楚曾伐否⋯⋯⋯096
　五、燕可攻也⋯⋯⋯098

六、赵必相杀 ……………… 101

第七章　浩浩雄风 ………… 106
一、虎虎威猛 ……………… 106
二、辚辚豪车 ……………… 108
三、赳赳田猎 ……………… 112
四、凛凛兵器 ……………… 116

第八章　宫廷奢华 ………… 121
一、独特小鼎 ……………… 121
二、钟鸣鼎食 ……………… 122
三、美酒飘香 ……………… 127
四、娱乐游艺 ……………… 131
五、行舟作乐 ……………… 138

第九章　旴彩美玉 ………… 140
一、矫龙神采 ……………… 140
二、美玉收藏 ……………… 142
三、百变神龙 ……………… 145
四、玉器神工 ……………… 148
五、水晶精魂 ……………… 152

第十章　大国工匠 ………… 155
一、管理体系 ……………… 155
二、物勒工名 ……………… 158
三、能工巧匠 ……………… 159
四、谁的杰作 ……………… 168

第十一章　王陵建设 ……… 171
一、千古一图 ……………… 171
二、风水宝地 ……………… 173

三、宏大陵园 ……………… 174
四、独特墓葬 ……………… 177
五、高大享堂 ……………… 179

第十二章　中山国的女子 … 182
一、哀后之殇 ……………… 182
二、后宫争宠 ……………… 184
三、不让须眉 ……………… 187

第十三章　警诫反思 ……… 191
一、"中山三器" …………… 191
二、叵测老臣 ……………… 195
三、"子之之乱" …………… 200
四、越国吞吴 ……………… 203

第十四章　双雄对决 ……… 207
一、两王并立 ……………… 207
二、少年君主 ……………… 208
三、服装变奏 ……………… 210
四、相背殊途 ……………… 215
五、赵灭中山 ……………… 218

第十五章　昙梦逝水 ……… 225
一、无奈西归 ……………… 225
二、文化夹缝 ……………… 229
三、过度崇儒 ……………… 230
四、民风粗野 ……………… 233
五、内政腐败 ……………… 235
六、外交失当 ……………… 237

尾声 ……………………… 240

称王梦圆

第一章

一、王者荣耀

称王,是古代英雄的梦想。那苍茫大地主沉浮的气魄,让无数人心生向往、孜孜以求,也让无数人以身试险、断头殒命。

漫长的岁月长河中,为争王而引起的风云激荡、喋血屠戮、权变阴谋史不绝书。但是,疾行在称王的道路上的身影始终不绝如缕。

称王,也是激励中山国历代国君奋斗的动力,这个在明灭闪现间时时浮动的诱惑,激发着中山国君的斗志,振奋起中山国民的豪情。

当称王的机遇来临,中山国年轻的国君䉣,不顾一切、不惜代价地抓住了属于自己的荣耀,福也好、祸也罢,毕竟曾经称王!

岁月沧桑,那枚王䉣墓棺椁上的银质铺首(图1)已经在时间的侵蚀下变得锈迹斑斑。尘土遮蔽了兽面威严的造型,岁月磨蚀了白银闪闪的光彩,使铺首变得斑驳黯淡。但是,在铺首背面插榫一侧工整镌刻的"王"字却依旧赫然显现。

这件银质的兽面衔环铺首只有9厘米高,兽面由涡旋纹和雷纹构成,勾曲舒卷的线条显露出王者的霸气。兽面涡卷的双角有力地向内勾卷,长眉立目富有炯炯神采,大嘴咧腮显示出

图1 "王"字银铺首

高9厘米，宽9.2厘米，环径8.6厘米。

中山王䰸墓出土。

王䰸棺椁上的铺首，银质，铺首的兽面由涡旋纹和雷纹构成，大嘴咧腮，竖眉立目，铺首上有插榫，插榫一侧刻有"王"字。

包吞万物的气势。战国时期的兽面铺首中青铜质地的非常多见，银质铺首则是凤毛麟角。这件威仪赫赫的银铺首气势已是非凡，而其上面镌刻的"王"字则更是无声而又有力地提醒着2000多年后的人们，使用这个尊贵的银铺首的人是高高在上的"王"。

这件铺首的主人就是战国中山国最鼎盛时期在位的国君——䰸。

为了彰显称王的喜悦与荣耀，䰸在自己所使用的多件器物上都镌刻了"王"字。在䰸墓发现有一件错金银铜接扣，为木器上的装饰构件，分为连接长边框和连接短边框的两个部件。连接长边框的部件装饰有四条错金银蟠龙，龙两大两小，身躯细长，相互盘绕，龙首两两相对，龙身纠结处环绕一个错金"王"字。连接短边框的部件装饰有两条错金银蟠龙，遒劲昂扬富有气势，两只龙首相连形成一个兽面，兽面下部也有一个错金"王"字。

称王称霸，是中山几代国君的梦想，也是王䰸的人生梦想。

公元前323年，年轻的国君䁂终于实现了称王的梦想。身披这梦想之翼，王䁂终于飞抵成功的顶峰，那金光银彩映衬下的"王"字也见证了中山国发展历史上的鼎盛辉煌。

二、王的至上

一个"王"字，在汉语中极具权威感和崇高感，国人对"王"的敬畏也由来已久。吴其昌先生认为："王字之本义，斧也。"商代甲骨文中"王"字的使用频率很高，其基本形状就是斧形，两边带有一对、二对或三对刻痕，显示出王字是斧之象形与信物刻痕的"合体"。

"王"的前身是军事首长。林沄先生在《说王》一文中指出，斧钺在古代本是一种兵器，也是主要用于治军的刑具，曾长期作为军事统帅权力的象征物。斧是人类劈山开路的工具，钺由斧演化而来。斧钺在古代是征战杀戮的重要兵器，谁掌握此兵器，谁便拥有至高无上的权力，谁就是"王"。后来，经汉代董仲舒的演绎，"王"字的笔画被附会为：三横分别代表天、地、人，一竖象征沟通天、地、人，寓意天上、地下、人间都要由"王"来管。

"有天下曰王。"西周时期只有周天子才能称"王"，其他诸侯国国君的称号只能由周天子册封。周朝的爵位序列是公、侯、伯、子、男"五爵"，获得何种爵位则取决于与周王室关系的亲密程度。周武王分封天下后，各路诸侯均去封地发展势力，但终归是周天子的臣下。周天子作为天下共主，是唯一的王。

为了维护周王室的权威，其他诸侯擅自称王的行为都被视为僭越。周穆王时期，徐国第32代国君徐诞曾称王，史称徐偃王。据《博物志》记载，相传徐国国君的一名宫人十月怀胎，分娩时产下一肉卵,认为是不祥之物,便命人将其弃之水滨。孤独母家有犬名鹄苍将肉卵衔回,孤独母暖肉卵而孵出一个男孩,就是徐诞。徐诞治国有方,人民安居乐业,统治范围越来越大,于是便僭越"伯"的称号而称"王",是为徐偃王。周穆王听闻徐君威德服远又擅自称王,为了杀一儆百、威慑诸侯,亲自带领大军对徐国进行征讨,"乘八骏之马,使造父御之,发楚师袭其不备,大破之,杀偃王"。此后,鉴于当时西周国力强盛,没有诸侯敢再僭越称王。

三、王室失势

春秋时期,周王室明显式微,不能震慑天下诸侯。诸侯们的势力越来越大,开始不满足周天子封赏的爵位,纷纷试图称王。

诸侯中最先称王的是楚国。楚国的先祖鬻熊曾担周文王之师,鬻熊的曾孙熊绎在周成王时被封为子爵。楚国因地处南方,长期遭到中原诸侯的蔑视,被视为蛮夷之地。但是楚人奋力开拓、发展国力,陆续吞并了周边诸多小国,实力渐强。虽然楚国国君多次或明或暗想提高封爵的要求均被周天子拒绝,但楚人想要强大的愿望一直未泯。公元前706年,楚君熊通率军攻打随国,想让随国国君代为向周天子请求提升楚国的爵位,但又未获应允。于是,公元前704年熊通自立为王,是为楚武王。

自此以后,与周天子抗衡一直是楚人奋斗的主题之一。公元前606年,那位韬光养晦三年而一鸣惊人的楚庄王借伐陆浑之戎为名,陈兵于洛邑南郊进行示威。惶恐不安的周定王派善于应对的宗室贵族王孙满前去应对。楚庄王见到王孙满就问九鼎的大小、轻重,显示对周王的挑战和对王位的野心。面对气势逼人的楚庄王，王孙满委婉地表示：国家之兴衰"在德不在鼎"，周室虽然衰微，但是天命未改，"鼎之轻重尚未可问矣"。有鉴于王孙满的慷慨陈词，忌惮于晋、齐、秦等强国的虎视眈眈，楚庄王自觉取周王而代之的时机尚不成熟，便以郑国背叛楚国投靠晋国为借口，挥师讨伐郑国而去。自此以后，"问鼎中原"便成为觊觎天下之心的代称。

春秋时期，与楚国一样敢于称王的还有几个处于周边地区的国家。公元前585年吴王寿梦僭越称王，公元前538年越王允常僭越称王，蜀国、巴国也随后称王。楚、吴、越、巴、蜀几国都处地偏远，距离周天子掌控力最强的中原地区山水迢遥，正所谓"天高皇帝远"，所以才敢称王。在当时，名盛一时的齐桓公、晋文公、秦穆公等则在表面上依然保持了对周王室的尊重。齐桓公虽然在春秋时期第一个称霸，但依旧打出了"尊王攘夷"的旗帜以会盟诸侯。这是因为，春秋时期周王室虽然衰微，但还有一定的影响力，诸侯国可以借周王室的声望来实现自己的政治利益；而如果擅自称"王"，很可能成为其他诸侯国攻打的对象，因此诸侯对于称王尚谨慎。

同时，势力衰微的周王室，也坚决不给任何诸侯国封王。无论诸侯国实力多么强大，周天子都没有屈服。因为周王明白，礼制乃是周王朝立足的根本，倘若自己都带头破坏，那些强大的诸侯国就更不把周天子放在眼里了，周王室仅剩的一点尊严必将被践踏得粉碎。

四、竞相称王

到了战国时期，周王室更加衰弱，基本上名存实亡，再无力控制诸侯国，只好眼睁睁地看着诸侯争霸并纷纷僭越称王。

群雄中的魏、齐、秦先后擅自称王,"五国相王"后赵、燕、中山都称王,后来宋国也称了王。

战国时期,第一个称王的国家是魏国。三家分晋后,魏文侯礼贤下士,他拜孔子的学生子夏为师,先后任用魏成子、翟璜、李悝为相,任用乐羊、吴起为将。魏文侯厉行改革,起用李悝进行变法,派吴起变革强军,魏国最终凭借强大的经济与军事实力称霸诸侯。魏国第三代国君魏罃继位后,觉得魏国之强远超已经称王的楚国,于是自立为王,是为魏惠王。

当时,魏国的主要竞争对手是齐国,齐国国君本是姜子牙的后代,公元前386年田氏代齐,即陈国妫姓田氏后代取代姜氏公室主政齐国,并取得了周天子的任命。田齐第四代国君田因齐(也作田婴齐)在位时,经过改革,国力逐渐强大,并先后在公元前353年的桂陵之战、公元前342年的马陵之战中两次大败魏军,成为与西方秦国并列的头等强国。于是田因齐自立为王,是为齐威王。

齐、魏争霸斗争中,魏国虽然一度称霸中原,但在与齐国的桂陵之战、马陵之战中均遭惨败,精锐尽失。接着又被秦国夺回河西之地,元气丧尽。面对咄咄逼人的齐国,魏国只好屈尊以就,表示愿与齐威王共同称王。公元前334年,齐威王和魏惠王会盟于徐州[①],相互尊对方为王,史称"徐州相王",从而揭开了战国时代诸侯相互承认称王的序幕。

齐、魏徐州相王以后,秦、韩相继称王。秦国自献公、孝公以来,通过商鞅变法富国强兵、励精图治。秦惠文公嬴驷继位后,广纳贤才,拓展领土,并于公元前325年自称为王。秦

---

① 今山东省滕州市东南。

国称王的当年，韩宣王去大梁朝见魏惠王，双方互尊为王。宋国国君偃在位时，国势强大，号称"五千乘之劲宋"。公元前318年，宋偃趁诸侯混战之际火中取栗，成功称王。

五、秉钺扬威

眼睁睁看着周围的群雄竞相称王，中山国君𰁜的内心充满丝丝羡妒与缕缕焦灼。特别是每每面对那件赫然陈列的中山侯铜钺时，他的心中涌起的更是一种负压与期盼交织的难言滋味。

中山侯铜钺（图2）造型端庄、气势威严，有古朴浑厚的韵味。钺身有铭文16字：天子建邦，中山侯𰁜。作兹军钺，以敬（警）毕（厥）众。铭文布局严谨，排列整齐，表现出高超的水平。铭文的大致含意为：中山侯𰁜受命于周天子，作此军钺以警示众人。铭文宣示中山侯受命于周天子，其威严不可侵犯。

中山侯铜钺的实物，出土于中山王𰁜墓2号车马坑。钺是古代的兵器，也是象征王权的礼器。1号车为象路车，是王𰁜出行时的先导车，铜钺恰位于1号车的右侧，与《周礼·夏官》中"若师有功，则左执律，右秉钺以先"的说法相吻合。这件

图2 中山侯铜钺

长29.4厘米，宽25.5厘米。中山王𰁜墓出土。为兵器及象征王权的礼器，古朴端庄，气势威严，钺身铭文对研究中山国史极为重要。

铜钺是䶮权威的象征，而䶮称王以后，便将象征"侯"位的铜钺当作了他的陪葬品。

中山侯铜钺是中山国出土文物中唯一能证明其曾受过周王室册封的文物，在研究中山国的历史方面具有非常重要的作用。但因资料匮乏，尚不能推断与此钺有关的具体情况，如该钺铸于何时？是否确为周天子所赐？又是由哪代周王赏赐给中山国哪代国君的？但无论如何，这件铜钺都是中山国一件非常重要的器物。

青铜器在古代被视为国之重器，西周时期王室常在青铜器上记录王室进行册命的内容，有表示彰布四方、铭以永志的意味。斧钺是将军受命于君王、率军征战的标志性器物，是军事统帅权力的象征，代表着生杀予夺、至高无上的权力。《礼记·王制》云："诸侯，赐弓矢然后征，赐铁钺然后杀。"孔颖达注曰："赐铁钺者，谓上公九命。得赐铁钺，然后邻国臣弑君，子弑父者，得专讨之。"在当时被授予征伐权，一则表明诸侯国的实力强大，再则体现周天子的信任。作为"侯"的中山国君是没有权力制作此钺的，这种代表王权的信物，必须经过周天子的批准，由专门机构铸造，再举行隆重的仪式，由周天子亲自赏赐给诸侯国国君。中山侯铜钺铭文表明中山国君受封于天子的殊荣，彰显着天子的王权和中山侯的地位，证明了中山国政权的合法性。

西周时期，周王室是绝对的天下共主，只有周天子才有权发动战争，如果诸侯之间擅自发生战争，周王室可以派兵或者调动其他诸侯国进行镇压。战国时期，王室越来越弱、诸侯越来越强，王室虽然失去威慑诸侯的力量，但是表面上还维持着拥有"征伐之权"的形式。而中山国作为一个由游牧民族建立的国家，能够得到周天子所授的军钺，可以说是一份殊荣。因此，这件铜钺是中山国的重要珍藏。当初中山国的先人筚路蓝缕，从遥远的西北一路东迁、一路发展，从狄部的一个小部落最终发展为强大的中山国，并被周天子封授为中山侯，执军钺"以警厥众"，其经历的一路艰辛一言难尽，其表现的一腔豪情也让后人慨叹。

雄心勃勃的国君䰾，面对承负中山荣光的铜钺百感交集。那个昔时在列国夹缝中择地而蹈、如履如临、朝乾夕惕的中山国，如今已是根基稳固、经济繁荣、军事强大，并跻身"千乘之国"。实力强劲的中山国，必须有更大的作为，有更响亮的名号，才不负百年艰辛。

庄重威仪的铜钺，闪闪发出光亮，仿佛先人期盼的眼睛；铜钺上镌刻的铭文，默默透出力量，仿佛子民殷殷的期冀。抚摸着这铜钺，䰾的心中豪情万丈：这代表着先祖荣光的中山侯钺，一定要见证中山称王的时刻！

六、五国相王

念兹在兹，心向往之！称王的机会，也真的很快降临到中山国的头上！

战国中期，数十年间，"尊王攘夷"的口号彻底成为历史，群雄已不满足于"霸业"，而要追求"王业"，合纵、连横的斗争形势也全面展开。公元前325年，秦国称王后其国势、兵力远超山东六国，开始向东扩张。秦的扩张不仅使魏国惊慌不已，也引起韩、赵等国的恐惧。

在秦国崛起的同时，曾经强盛一时的魏国却实力渐衰，日渐失去中原霸主的地位。因此，以公孙衍为首的魏国大臣希望联合周围的几个国家，共同对抗秦、齐、楚等大国。公孙衍是战国时期纵横家的代表人物，出生于魏国，主张合纵抗秦。他在秦国时曾受到秦惠文王的重用，被任命为大良造，掌握军政大权。但后来受到主张连横的张仪排挤，只好回到魏国，被魏王任为大将军，称"犀首"。公孙衍入魏后极力主张抗秦，图谋策划魏与韩、赵、燕、中山组成五国联盟对抗秦国。于是，公元前323年，魏惠王采纳了公孙衍的建议，联合韩、赵、燕、中山几个国家共同称王，以合纵抗秦，史称"五国相王"。所谓"五国相王"就是五个国家相互承认对方为王。由于此前魏、韩已经称王，此次受邀共同称王的赵、燕、中山的地位实际是得到了抬高。

在共同称王的这几个国家里，魏、韩、赵、燕都是万乘之国，只有中山国是千乘之国。但是当时的中山国，经过桓公复国后几十年的治理，经济上有了很大发展，军事上具备了相当的实力，而且其地南接赵、东邻齐、北毗燕，在各国争霸的局势中，中山国的立场、向背往往具有非常关键的作用。因此，"战国所以盛衰，中山若隐为之枢辖"①，魏、赵、燕都想借支持中山国称王对其进行拉拢。

中山称王的消息传到齐国，齐威王却勃然大怒，声称"寡人羞与中山为王，愿与大国伐之，以废其王"②。齐威王认为中山这样的小国居然敢和齐国并肩称王，对齐国来说是奇耻大辱，扬言要联合其他大国一起攻打中山国，以阻止其称王。

当时的中山国，国势日益强盛，𢾅的野心也日益膨胀，能够和其他大国并肩称"王"，对年轻的中山国君来说是一个巨大

---

① [清]王先谦：《鲜虞中山国事表·疆域图说·序言》。
② 《战国策·中山策》。

的诱惑。但是面对齐国的反对与威胁该怎么办才好呢？于是，中山国君派臣子张登带重礼去说服齐国的国相田婴。张登对田婴说：齐国威胁中山国，不让其称王并将联合燕、赵共同攻打它，这样做可并不好呀。中山那样的小国，却要三个大国去打它，中山国即使遭到比废除王号更大的祸患，也会听命的。如果中山君恐惧，一定会因赵、魏两国废掉王号，并竭力依附它们，这样做是把中山往赵国和魏国那边赶，对齐国不利，哪里有让中山国废掉王号而又亲近齐国好呢？田婴问张登如何才能做到这一点，张登又向田婴建议：齐国应该召见中山国君，许诺承认中山称王，中山必然欣喜从而绝赵、魏而亲齐。倘若赵、魏怒而攻打中山，中山肯定害怕，最终还是要取消王号并投向齐国，这样大大好于把中山向赵、魏那边驱赶。于是，齐国采纳了张登的意见，并"召中山君而许之王"①。接着，张登又去赵国和魏国，说齐国召见中山君允许其称王，并要一起攻打你们；如果你们同意中山称王，中山就不和齐国一起出兵了，于是赵国和魏国也都支持中山称王。

就这样，在张登的外交斡旋下，中山国离称王只有一步之遥了。但是，听到这一消息，齐国却觉得受了蒙骗，盛怒之下宣称："我万乘之国也，中山千乘之国也，何侔名于我？"齐国关闭了与中山国往来的通道，并且向燕国和赵国扬言，可以割平邑给它们，以求联合出兵攻打中山。于是张登再次向中山君请命，欲带重礼去拜见齐威王，力图进行新一轮的说服。张登欲图劝齐王：您割地给燕、赵谋求共同攻打中山，不过是为了阻止中山称王。您这样做，既有损失又有危险，您割地给

---

① 《战国策》。

燕、赵，是强大了敌人，出兵伐中山国还要背上发动战争的名号，实在是得不偿失！而且即使这样做了也未必能让中山取消王号。我有办法能让您既不割地又不用兵，还可以使中山废掉王号。您可以派人通告中山国君，说齐国之所以闭关不通中山，是因为中山与燕、赵并称王而齐国尚不知道。如果中山国君能来齐国拜见，齐国也支持中山国称王。中山国君闻此，必来齐国会见。燕、赵听说中山来齐，就会断绝同中山的关系，那时您也与中山断绝关系，中山受到孤立，再让其取消王号不就容易了吗？张登把齐国说动，又再去燕、赵游说，说齐国原说要割地给你们以共同反对中山称王，可是现在他自己却同意中山称王了，你们不要再听齐国的了。如此的外交游说，可谓是极尽鼓动、左右逢源之能事。于是在中山国不辞辛苦地外交斡旋和奔走游说之下，各国都同意中山国称王，王䚜终于如愿得到"王"的称号。

"五国相王"的记载，见于《战国策·中山策》。杨宽先生认为，《战国策》主要是纵横家所编撰的，许多游说故事和说辞是用作练习游说的脚本。中山称王不尽然凭借的是巧舌如簧的张登在各国之间的奔走游说，从根本上讲支撑中山国成功称王的还是其强大的军事实力。因为，同是"五国相王"的成员之一，燕国称王就没有得到普遍承认。

"五国相王"后不久，燕国的国君子哙因为将王位禅让给相国子之导致燕国内乱，最后自己被杀，燕国大乱。同时代的人并不称其为王，中山国青铜器铭文中称其为"燕君子哙"，《孟子》中径直称其为"子哙"，可见时人并不承认他的王号。燕国以"王"作为君主的常用称号相当晚，足见国家实力才是称王的底气。

七、称王得失

"五国相王"是中山国发展史上的一件大事，而王**譽**也成为了中山国历史上第一位称王的国君。中山称王，一方面是因为当时中山国的国力日益强盛，成为各国争相拉拢的对象；另一方面，也是中山国君为求名号，努力争取的结果，反映出中山统治者在国力强盛之后野心的膨胀。

但是，当时中山国以千乘之国的国力与万乘之国的齐、魏、韩、赵、燕并肩称王，有名不符实的嫌疑，特别是中山国为了称王不惜与一贯扶持自己的齐国交恶，是以虚名招致实祸。中山国进入中原地区后，一直对齐国存在一定的依附关系。因为中山国南与赵邻，东与齐接，为了借中山牵制赵国，齐国一直对中山国有所扶持和保护，所以"中山恃齐魏以轻赵"[1]。但是中山称王表示他将摆脱依附于大国的政策，"绝齐而从赵、魏"[2]，这让齐国感到极其愤怒。而且，中山国在谋求称王的过程中，对齐国反复施行带有一定欺诈性质的游说伎俩，所以譽称王也宣告了中山与齐国关系的破裂，自恃强大的中山失去了齐国的佑护。

"五国相王"，只是战国时期众多合纵连横方案中的一种组合。事实上，战国时期的这种组合从来没有真正稳定过，众诸侯国各怀鬼胎、勾心斗角，随时都会有新的组合诞生。但譽对于称王有飞蛾投火般的向往与热情，并在称王的愿望实现以后进行了大肆宣扬，而他的人生辉煌也便止步于此。

与中山王譽形成鲜明对比的，是同样年轻的赵国国君赵雍

---

[1]《战国策》。
[2]《战国策》。

（公元前326年即位）对称王的态度。赵雍对称王表现出退避三舍的冷静，在"五国相王"后他对国人说："无其实，敢处其名乎！"他下令国人仍称自己为"君"。此举并非赵雍无意虚名，而是他想以此激励自己，让赵国成为更大的强国，成为可以号令诸侯的真正王者。当然，外交场合上他还是要自称"赵王"，以与诸侯在礼仪上对等。但是，赵雍一直对称王持谨慎态度，并没有大肆宣扬，也没有自鸣得意。相对于一统天下的雄心，称王对他来说只不过是一个名号。

究其实，爵位并不一定是实力的代表，只是一种美称。战国时期，诸侯国不再听命于周天子，礼乐完全崩坏，爵位有些自娱自乐的性质。这个时候的爵位已没有实质性的作用，有用的只是各国的实力。如果国家实力强劲，即便爵位低腰杆也硬；如果国家实力不够，勉强称王也不一定是真正的福音。

但年轻的王䰾非常想借称王证明自己的实力。对于成功称王，他进行了大肆的宣扬，这在中山国的出土器物上有明显的表现。

虽然䰾把"王"的称号极其用心地镌刻在器物上，但"王"也只是一个貌似响亮的名号，国家的实力还要靠自己去争取。支撑称王成功并保持王号的，其实不是䰾个人的心愿或意志，而是国家实力。没有实力的支撑，称王也不过是昙花一梦。

对于中山国，生存与发展可能远比"王"的名号更为重要，而游刃有余地在各个强国之间保持外交平衡，也远比得"王"的虚名更为明智。战国时期，没有一个国家能真正保持独立，外交平衡至关重要，尤其是对于中山国这样的小国，控制欲望、保持同盟、发展实力才是根本的政策。但是年轻的国君䰾，却一心热衷于称王，在外交上失去了齐国的有力支持，这对于中山国的发展是非常不利的。而历史发展也证明，中山国在短暂称王的荣耀之后，并没有很好地卫冕自己来之不易的王号。

于是，在称"王"的浮名里，中山国的外交环境逐步走向险恶；在称"王"的虚名里，中山国的命运却一步步走向衰落。

王𫐐时代，中山国经历着成功称王的美梦成真。

王𫐐时代，中山国也即将面临噩梦惊魂的至暗时刻。

第二章 东进途漫

一、雄鹰风采

草原雄鹰,是翱翔于碧空的王者。

苍茫天空中展翅疾翔的雄鹰,是草原上一道美丽的风景。

猎捕时矫健敏捷的雄鹰,也是草原人心目中的英雄。

那以雄鹰为主体造型的盂盆,恰到好处地表露了中山国的英雄心迹。

这只鹰柱铜盆(图3),有圆形底座,座上镂雕精致的活泼蟠螭纹。底座上连接束腰形圆柱,圆柱承托大盆。盆内底中间伏卧有一只凸出的龟鳖,龟背上竖有一根原可以转动的圆柱,柱顶站立一只昂首展翅的雄鹰。鹰的双目圆瞪,长喙尖利,羽毛丰满,振翅欲飞。而鹰的双爪,正紧紧攫住两只纠结的蛇头。

图3 鹰柱铜盆

高47.5厘米,盆径57厘米。中山王䉜墓出土。

铜盆由束腰形圆柱承托,柱下有圆形圈座。盆内底中间伏有一只龟,龟背上竖有一根圆柱,柱顶站立一只展翅欲飞的鹰,鹰的利爪攫住一双蛇头。

大盘的外壁也铸有四只与柱顶相类的鹰，使器物更加显得生机勃勃。

鹰是草原上有力的征服者，它胸怀宽广，目光敏锐，灵活敏捷。即使翱翔在几百米的高空，地面上的猎物也难以逃脱它雪亮的眼睛。而它一旦发现猎物，便如疾风闪电般从高空俯冲而下，凌厉地进行捕捉。即便是神出鬼没、巧诈狡猾的蛇，也因其极差的视力、迟钝的听觉在鹰的面前显得孱弱。鹰往往盘旋在蛇的后方，伺机而动，一旦奋力出击，便精准地用它钢钩一般的爪子将蛇牢牢钳住，用它锋利无比的喙将其死死咬住。

鹰雄猛，鹰机警！鹰盘桓之中待机而动，鹰一旦出击便致敌死命！

中山人多么敬慕鹰的机敏和勇猛，中山人多么渴望自己就是那只攫蛇在手的雄鹰。鹰最大的快乐就是征服，它曾经征服了草原，它也不能输在中原。无论在哪里，它都要以自己的力量擎起一片湛蓝的天。

这雄鹰所传达的独特英雄意象和神秘文化密码，王䝽应该是最为了悟的。制作这件以鹰装饰的威猛器物，就是要提醒自己时时铭记先祖创基业的艰辛，也提醒自己刻刻牢记那挟裹着草原雄风的先辈梦想。

中山国，从遥远的西北走来，在几百年的时间里，经历过了多少风风雨雨！

二、白狄由来

中山的前身是白狄鲜虞部，白狄是春秋时期众多狄族部落中的一支。

在先秦文献和《史记》《汉书》等典籍中，"狄"往往又作

"翟"。《史记·匈奴列传》中"戎狄"有时也写作"戎翟"。"翟"在《说文解字》中被释为长尾的雉。晋郭璞注《山海经》中，"翟"的注文为"似雉而大，长尾。或作鸐鸐，雕属也"，认为，翟外形与雉近似，可能是一种雕鸟。李时珍《本草纲目》中说："鹗，雕属也，似鹰而土黄色。"段连勤先生由以上推测，"翟可能是草原牧民所蓄养的一种黄鹰，此种鹰鸟嘴部弯曲，有利爪，轻捷善飞，捕食小兽（兔）等禽类和鱼"[1]。郑玄在《三礼注》中解释："狄、涤，往来疾貌也。"王国维先生在《鬼方昆夷猃狁考》中则解释："狄，'远'与'剔除'，后引申为驱除之于远方之义。"

以上种种解释表明，"狄"无论是一种勇猛善飞的鸟，还是往来迅疾、驱敌于远方之喻，都有迅猛敏捷的含义，都有鹰一般的锐利风格，形象地显示出狄族部落的生存特色和行动特点。

在那个形势动荡、风云迭起的年代，狄族部落一定是一支狂飙悍猛的力量，在中国北方的大地上驰骋扫荡，掀起一阵阵汹涌波浪和一次次震惊与恐慌。

狄人，应该是鬼方部族的后代。根据殷墟出土的甲骨卜辞和有关文献记载，殷商时期居住在蒙古沙漠以南渭北、河套地的民族被称为鬼方、土方、邛方、羌方、鬻方等。商代后期，武丁对鬼方发动了大规模战争，崛起于泾河、渭河流域的周族也向鬼方进攻。在商、周势力的双重打击下，鬼方部族一部分投降了商朝，一部分进行了迁徙。鬼方人民除了一部分向漠北迁徙外，还有一部分进入山陕高原和太行山一带。商末周族酋长季历"伐西落鬼戎，俘二十翟王"，伐鬼方俘翟王，可见鬼

---

[1] 段连勤：《北狄族与中山国》，广西师范大学出版社2007年版，第3页。

方又称翟。

春秋时期的北狄族，至少已分化为赤狄、白狄、长狄和众狄几支，而白狄就是中山的前身。从以后的发展看，白狄部是狄族集团中最为智慧的一支，所以能够在风云激荡的时代洪流中生存下来，并不断发展壮大，开疆拓土，建国立业。

在狄族集团中，力量最为强大的一支是赤狄，基本分布在今山西省南部和东南部。据说，赤狄其衣尚赤[①]，在北狄诸部落集团中实力最强、人数最多、影响力最大。因被晋国所驱赶，赤狄于公元前662年进攻位于今河北邢台一带的邢国，公元前660年攻伐卫国并灭之。公元前659年狄人攻破邢国，迫使其迁都于夷仪[②]。这样，赤狄占领了太行山以东、黄河以北、燕国以南的大片地区。但因占领后一味进行较为野蛮的劫掠，从而遭到中原诸国的联合抵制。公元前593年，赤狄诸部被晋国所灭。

长狄又称鄋瞒、汪芒氏或防风氏，人皆高大魁梧，桀骜不驯。长狄商周时分布于西北地区，后迁移分布在今河南东部与山东交界的地区[③]。长狄频繁进扰中原列国，先是犯宋，又多次劫掠齐、鲁、宋、卫诸国。公元前616年，鲁国在今山东巨野与长狄交战，斩获其酋长侨如。不久，"鄋瞒由是遂亡"。

众狄，又名群狄，系赤狄、白狄、长狄之外的北狄部落，分布在成周之北，即在今山西省境内。公元前541年，晋国正

[①]《春秋·宣公十五年》："六月，癸卯，晋师灭赤狄潞氏。"杜预《注》："潞，赤狄之别种。"孔颖达《疏》云："狄有赤狄，白狄。就其赤白间，各自别有种类。此潞是国名，赤狄之内，别种一国。夷狄祖其雄豪者，子孙则称豪名为种，若中国之始封君也。谓之赤白，其义未闻；盖其俗尚赤衣白衣也？"
[②] 今山东省聊城市西南。
[③] 段连勤:《北狄族与中山国》，广西师范大学出版社2007年版，第22、23页。

卿中行穆子败群狄于太原。

而白狄部族，虽然势力一度较弱，并长期被限制在陕北高原一带，但是这一部族比较擅长在列国的夹缝中寻找生存空间，并善于学习和吸收其他国家的先进文化与技术，因此能够一步步由弱而强，并逐步向东迁徙，最终建立了强大的中山国。

沈长云认为："称白狄者，以其尚白之故。"[①]春秋前期白狄主要生活在"从今陕西省北部横山县境内的无定河起，沿洛河流域向南直达渭河之滨"，"在黄河以东今山西省西北部亦有少数白狄分布[②]"。鲜虞是白狄的一支，《世本》记"鲜虞，姬姓，白狄也"，韦昭《国语·郑语》注："鲜虞，姬姓在狄者也。"唐代司马贞的《史记·赵世家·索隐》中则云："中山，古鲜虞国，姬姓也。"根据史书材料，鲜虞是中山的前身。

"鲜虞"之名，最早见于《国语·郑语》，当史伯与郑桓公讨论周王室的生存环境时，指出了国土周边的戎狄小国，"王室将卑，戎、狄必昌，不可逼也。当成周者，南有荆蛮、申、吕、应、邓、陈、蔡、随、唐；北有卫、燕、狄、鲜虞、潞、洛、泉、徐、蒲；西有虞、虢、晋、隗、霍、杨、魏、芮；东有齐、鲁、曹、宋、滕、薛、邹、莒；是非王之支子母弟甥舅也，则皆蛮、荆、戎、狄之人也"。这是史书首次出现关于"鲜虞"的记载。此处，"桓公"为郑国始封之君郑桓公姬友，"史伯"为周的太史。据三国时期韦昭的《国语注》，郑桓公于周幽王八年（前774年）始任周王室司徒，公元前771年犬戎攻陷镐京时与周幽王一同遇害。当郑桓公问史伯何处才能安居时，史伯提到了"鲜虞"，说明至迟在公元前774年至公元前771年

[①] 沈长云：《骊戎考》，《中国史研究》2000年第3期。
[②] 段连勤：《北狄族与中山国》，广西师范大学出版社2007年版，第21页。

间鲜虞已经登上历史的舞台，是周王室北部一个比较重要的部族。

"中山"作为国号，首次见于史书记载是在公元前506年。《左传》中记：鲁定公四年（前506年）春三月，蔡侯因曾被楚国长期扣留而怀恨在心，想联合诸国讨伐之，到晋国求助时因未向晋国权臣荀寅行贿，荀寅便劝说晋国另一位权臣范献子从中阻挠，其理由除了"水潦方降，疾疢方起"之外便是"中山不服"。《左传》中的这一记载是"中山"作为国号首次出现于史书，西晋杜预《春秋左传集解》中注"中山，鲜虞"，认为这里的"中山"即指"鲜虞"。那么，鲜虞中山从何来呢？

三、西北岁月

春秋初期，白狄与其他诸狄部落主要分布在晋国周围，《国语·晋语》记："狄之广漠，于晋为邻。"强大的戎狄对尚弱小的晋国形成包围之势。但随着晋国的崛起，白狄等北狄诸族的命运随之发生变化。可以说，晋国争霸的进程，对白狄的历史发展有巨大影响。

西周初年，周成王封自己的弟弟叔虞于唐，当时"晋居深山，戎狄与之为邻，而远于王室，王灵不及，拜戎不暇"[①]，周边戎狄的包围对晋国是相当大的威胁。

公元前678年，晋国公室在经历数十年权力争夺的内乱后，势力强大的曲沃武公攻打并杀死晋侯缗，彻底以小宗篡夺大宗，并将所得珍宝器物贿赂周天子，被周釐（僖）王封为晋君。由此，晋国公室近百年的分裂与内乱基本结束，开始走向统一与

---

①《左传·昭公十五年》。

发展。晋武公统一晋国两年后去世，公元前676年公子诡诸即位，是为晋献公。

晋献公在位期间，进行了大规模的领土扩张，其扩张的主要对象有周边的耿、魏、虞、霍等姬姓小国，更主要的则为分布在晋国周围的戎狄部落。公元前672年，晋献公进攻骊戎获胜而归。接着，晋献公又攻灭众狄之一的狄柤①。公元前661年，晋献公进攻赤狄皋落氏，使其远徙到山西长治一带。

晋国扩张过程中，侵占了大片北狄人的土地，"更多的北狄族人民被迫离乡背井迁往他处，主要是向华夏国家统治力比较薄弱的晋国东方，即今华北大平原一带迁移"②。与此同时，分布在晋国西北部的狄族因晋国的扩张而与之关系日益紧张，白狄与晋国屡有征战。

公元前672年，晋献公打败骊戎，骊戎国君将骊姬与其妹少姬献给了他。骊姬貌美，获得晋献公专宠，被立为夫人。骊姬生下儿子奚齐，并想立奚齐为太子。于是公元前656年，骊姬设计陷害太子申生及重耳、夷吾兄弟，迫使申生自杀，重耳、夷吾被迫逃亡，奚齐被立为太子，史称骊姬之乱。重耳因母亲狐姬是狄人，所以逃往狄部，其后晋国与狄部屡有交战。公元前653年，晋军进攻狄地采桑③，狄人战败退走。公元前652年，狄人攻晋，同晋军战于啮桑④。

---

① 狄柤，春秋时众狄之一，亦作翟柤。大约分布在晋东南，后随众狄北移。与晋国为邻，筑有坚城，兵力强劲。《国语·晋语》载："献公田（猎），见翟柤之氛（氛，凶象也），归寝不寐。"因内部矛盾，其君"好专利而不忌"，"君臣上下，各餍其私"，"民各有心"，被晋国所乘。晋献公五年（前672年），晋灭骊戎后，遭晋大夫却叔虎攻击，城破遂灭，一说东迁为沃沮。
② 段连勤：《北狄族与中山国》，广西师范大学出版社2007年版，第41页。
③ 今山西省吉县。
④ 地望不详，或曰即今之采桑。

公元前636年，秦穆公派兵护送公子重耳返回晋国继位，成为春秋五霸之一的晋文公。重耳曾长期流亡狄部，在狄居住了12年，狄人把攻打赤狄廧咎如部落[1]时俘获其首领的女儿季隗和叔隗送予他，重耳娶了季隗，把叔隗送给了一直追随他的重要谋臣赵衰为妻。狄女季隗为晋文公生下两个儿子伯儵和叔刘。晋文公继位后，白狄送季隗归晋，但留下了晋文公的两个儿子。季隗与晋文公流亡齐国时娶的姜氏、秦穆公之女怀嬴同为晋文公的夫人，晋文公在位时与白狄保持了较好的关系。

公元前628年，晋文公去世，其与齐姜所生的儿子继位，是为晋襄公。晋襄公继位后，狄部企图送季隗所生之子到晋国争位。《左传》记载："（前627年）秋，狄伐晋及箕[2]。"白狄到达箕地时，刚刚在殽山[3]大胜秦军的晋军乘锐迎击，"败狄于箕。郤缺获白狄子"[4]。这也是"白狄"之名首见于史书，说明此时白狄已从北狄诸部中分离出来。

晋国打击白狄的同时，也不断对长狄和赤狄部落集团进行打击。长期以来，在长狄、赤狄与晋对抗时，白狄则保持了另一种策略，即与晋达成和解，成为晋国的附庸。因偏处西北，相邻的秦、晋两国又经常处于敌对状态，白狄部在秦、晋争霸中成为被拉拢的对象，时而倒向秦国攻打晋国，时而倒向晋国攻打秦国。为了利用白狄的力量牵制秦国，晋国竭力拉拢白狄，并唆使它去攻打秦国。

为了打击晋国、削弱白狄，秦国也不断在晋国与白狄之间制造矛盾、挑拨关系。如公元前582年晋君与权臣之间、众

---

[1] 在今山西省太原市一带。
[2] 今山西省蒲县东北。
[3] 今河南省渑池县西。
[4]《左传·僖公三十三年》。

卿之间的权力斗争激烈进行，发生了铲除赵氏家族的"下宫之难"。加上晋楚争霸，晋国连年同楚、郑进行战争，于是秦桓公便怂恿白狄趁机攻打晋国，并派军队支持。

晋楚争霸自晋文公时代开始，双方主要进行过两次大战：在公元前632年的城濮之战中晋国战胜楚国，在公元前597年的邲之战中楚国战胜晋国。公元前579年，晋、楚准备进行弭兵大会，签订盟约。趁此机会，秦桓公向晋厉公提议一起攻打白狄，晋国为了避免秦国破坏弭兵大会便答应了秦国。但这时秦国却又密遣使者至白狄通报"晋将伐汝"[①]，并怂恿白狄趁晋国权臣赴宋国与楚国签订弭兵之约的时机进攻晋国。白狄果然出兵攻打晋国的交刚[②]，并将晋国打得大败。因为此事，晋国和白狄都对秦国玩弄两面三刀的伎俩十分愤恨。公元前578年晋国吕相致秦桓公的《绝秦书》中，在指责秦国的"罪咎"时就申述"狄应且憎，是用告我"，说明白狄事后向晋国揭露了秦国行径，晋国因此谴责秦国的两面派行为。

白狄也对秦国的两面三刀大为不满，于是开始倾向于晋。在公元前578年晋与秦发生麻隧之战[③]、公元前575年晋与楚发生鄢陵之战[④]时，白狄都保持了善意的中立。这种状态，一直持续到公元前6世纪50年代白狄部落离开陕北，东迁到今山西盂县、昔阳县和河北石家庄一带为止。

---

① 《左传·成公十三年》。
② 今山西省隰县一带。
③ 公元前578年，晋国乘楚军在宋都行成、两国暂时休战的机会，率齐、宋、卫、郑、曹、邾、滕等国伐秦，一直打到秦国的麻隧（今陕西省泾阳县境内）、侯丽，史称麻隧之战。
④ 公元前575年，继城濮之战、邲之战后，晋楚争霸发生第三次大战争，晋国率诸侯兵在鄢陵（今河南省鄢陵县）与楚国争战，击败了楚国及其与秦的联军。

四、一路东迁

晋楚争霸是春秋时期一场长时间的拉锯战，双方攻守频繁，过程复杂。公元前6世纪70年代，在连年的争霸中晋国的实力受到很大削弱，并渐渐处于相对劣势的状态。鄢陵之战晋国虽然大败楚国，但在次年楚国便又重新介入中原各国的战争，并迫使郑国屈服。

在这样的背景下，晋国公室又深陷与异姓卿族间的政治斗争，并遭遇惨败。春秋时期，晋国是公室势力最为削弱的一个国家，其根源是自春秋初年晋国公室内部为争夺君权而发生的相互残杀。公元前678年处于支庶地位的曲沃武公起兵杀死晋侯缗，并被周釐王正式册封为晋侯，对周代封建宗法制造成一次很大的破坏。公元前676年，新继位的晋献公鉴于公族势力强大，担心类似曲沃武公以支系夺嫡的情况会再度上演，于是采用大夫士蔿的计策，让诸公族自相残杀，并以各种借口"尽杀群公子"。晋献公晚年因立储问题发生了"骊姬之乱"，为了让骊姬的儿子奚齐继位，晋献公的儿子申生、夷吾、重耳或被杀或被逐，"自是晋无公族"，公族的势力遭到毁灭性打击。曾在外流亡19年的晋文公重耳即位以后，吸取历史教训，不再分封和重用公室子弟，而是重用随他长期流亡和策应他回国的异姓贵族，使他们成为晋国的统治核心。晋文公之子晋成公继位后，进一步拔擢异姓卿族，所以活跃在晋国政治舞台上的多是势力强大的异姓贵族。异姓卿族执政，排除了公室宗族参与军政大事的机会，对消弭公室宗族矛盾、稳定君权起了一定的作用，但又造成卿族之间的权力斗争日趋激烈。所以在春秋中后期，异姓卿贵族与晋国公室之间、异姓卿族之间的斗争是晋国政治的一大特点。

公元前573年，在政治斗争中获胜的晋国卿大夫迎立在外流亡的公子周为晋国的第28位君主，是为晋悼公。晋悼公虽然年少，但是继位后整顿内政，任用贤臣，富国强兵，晋国的国力有所恢复。晋悼公先后九合诸侯，屡次率军出征，救援宋国、降服郑国、扶植吴国，向齐、秦、楚等诸大国显示出晋国的强大国力。

为了打击楚国，晋悼公采用卿士荀罃"三驾疲楚"[①]的策略，将晋上、中、下、新四军改作上、下、新三军，每军均与一定数量的诸侯军队配合，轮番南下作战，旨在疲劳楚军。晋国三度发兵会同诸侯之师攻打叛服无常的郑国，使楚军为救郑而疲于奔命，最终拖垮楚军，给了楚国致命一击。

公元前569年，活动在晋国北部的山戎无终部酋长嘉父，派人到晋国求见权臣魏绛"以请和诸戎"。晋悼公说："戎狄无亲而贪，不如伐之。"魏绛劝说晋悼公："诸侯刚刚臣服了晋国，陈国也（叛楚）与晋国和好，但这些国家都在观望。如果晋国实行德政，各诸侯国就会同我们亲睦，否则就会背离。如果对戎族用兵，楚国就要乘机进攻陈国，晋国不能相救，其他诸国也要叛离我们。"[②]因此，他向晋悼公建议实行"和戎"政策。

魏绛进而分析和戎的五种好处：第一，戎狄民族逐水草而居，看重财货而轻视土地，可以借机收买他们的土地；第二，和戎后边境不再警惧，民众可以安心在田野间耕种，农民会有好收成；第三，戎狄归从晋国，周边的邻国受到影响，对诸侯有威慑作用；第四，以德威使戎狄顺服，不用辛劳将士，也不

[①] 三驾，谓三次兴师。《左传》："晋三驾而楚不能与争。"
[②]《左传·成公十三年》。

必消耗甲械；第五，借鉴后羿的教训，以德服人，可以使远方归附，使近民安居乐业。于是，在魏绛的劝说下，晋悼公采纳了魏绛的主张，实行和戎政策。

和戎政策的实行，主要是为了使晋国在同楚国争霸的过程中免除后顾之忧，并以和平的方式兼并戎狄的土地，同时还可以借用戎狄的人力和物力资源进行争霸战争。魏绛和戎之后，晋国人可以北上到山西中北部原来的戎狄居住地去定居生活，晋国趁机把这些土地纳入版图，从而在国土和经济上都有了长足的发展。同时，原来居住在晋国周边的戎狄也融入晋国，为晋国提供了大量优质的兵源，使晋国扩大了疆域、增强了国力。

和戎政策的实行，不仅利于晋国赢得在中原华夏国家中的霸权，而且直接或间接地促成了白狄诸部落向华北大平原的迁徙。①和戎过程中，晋国"予之货而获其土"②，用金钱和货物交换狄人的土地，从而和平地将白狄驱逐出领土范围。段连勤先生指出，至迟在春秋早期，白狄的一部分就居住在今山西省西北部的交城、石楼、蒲县以北地区，但自晋悼公推行和戎政策以后，所有的先秦文献中再也没有雍州白狄的记载，它们也显然是迁徙了。

从晋西北、陕北消失的白狄迁到哪里去了呢？《左传·襄公十八年》记："春，白狄始来。"这是先秦典籍中白狄出现在太行山以东的最早记载。《公羊传》云："白狄来，白狄者何？夷狄之君也，可以不言朝，不能朝也。"说明白狄已开始和中原各国交往。此后，白狄所属诸部落的名字，开始频繁见于史书，其分布及活动中心集中于今山西省东北部的盂县以东至河北省

---

① 段连勤：《北狄族与中山国》，广西师范大学出版社2007年，第61页。
②《国语·晋语七》。

石家庄周边地区。

可见，因不断受到秦国的挤压和逐迫，又受到晋国和戎政策的诱惑，白狄部进行了东迁，经晋北出太行山，最终在太行山东麓的滹沱河流域一带定居。自陕西至山西间的诸多小型盆地，可能为白狄人提供了东进的跳板。抗战时期八路军在山西打击日军所取得的战果，大部分就是在山西高原诸盆地之间的连接点，以及连接华北平原与山西高原诸盆地的太行山诸隘口，如平型关大捷、响堂铺战斗等。这种盆地与山地交接的地形，适合于以弱抗强，以灵活的战术取得胜利。

《左传·昭公十二年》记"晋伐鲜虞"，又记"晋荀吴伪会齐师者，假道于鲜虞，遂入昔阳"。这是《左传》首次提到"鲜虞"之名，"这说明十几年间，白狄不仅完成了东迁，而且与太行山东麓的原鲜虞已完成了融合"[①]。但关于白狄何时穿越太行山进入滹沱河流域、白狄与鲜虞的融合、鲜虞向中山的过渡等具体进程，因史载缺略、过程不详，尚有待考古发现提供更多的证明材料。

目前可考的是，在今山西省境内，滹沱河流域的原平市及其周边的代县、定襄县、盂县发现有一批春秋晚期至战国早期墓葬，出土了数量庞大、特色鲜明的青铜器。这些墓葬绝大多数为石椁墓，均由天然卵石砌筑而成，随葬品中除晋式青铜器外还有不少风格独特的铜鍑等北方系青铜器，另外还有金盘丝、金泡饰、金串珠、铜泡饰、绿松石项珠、环首刀等戎狄风格的随葬器物。与以上器物相类的文物，在太行山东麓平山、灵寿、唐县等的中山国墓葬也有出土。（图4）

---

① 何艳杰等：《鲜虞中山国史》，科学出版社2011年版，第22页。

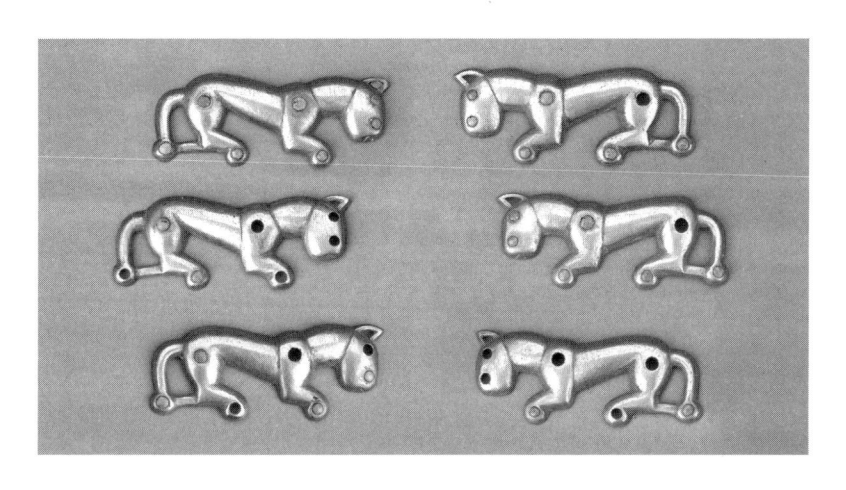

图4　虎形金饰片

每件长4.7厘米，高1.8厘米，重6.5—7克。
唐县钓鱼台战国初期墓出土。
为北方游牧民族镶嵌在衣物上的饰件，小虎低头垂尾做行走状，金黄的虎身上嵌有翠绿的松石，色彩明丽，富有极强的装饰效果。

由此可以推断，白狄东迁的路线，应该是由陕西北部，跳跃至山西的几个主要盆地——临汾盆地、太原盆地、忻定盆地，然后自忻定盆地经恒山与五台山之间的谷地，绕经平型关，经飞狐陉，进入太行山东麓的今河北境内，最后在今石家庄一带的滹沱河沿岸定居下来。

白狄鲜虞部，一个曾经在草原地区生活的游牧部族，一路跋山涉水来到了一片新天地。挟带着草原雄鹰般的豪情与梦想的中山国，将在群雄逐鹿的中原地区立足、发展并走向繁荣与强大。

第三章 立足太行

一、大山崇拜

2300多年前的一轮圆月，高照雄伟的太行。澄明的月光，铺满太行山的沟沟壑壑，也洒遍背依太行的灵寿古城。月亮之上，广寒宫一片寂寞；月亮之下，国君——䰜还是一个少年，多少次他凝望孤悬在太行上空的月亮，默默诉说心事，回想祖辈的奋斗历程，展望自己的英雄梦，对未来充满希望。月光下，每每最触动他眼帘的便是那威武陈列的铜山字形器。

铜山字形器是战国中山非常具有特色的文物，是反映中山国崇山观念最典型的器物，在中山成公墓和中山王䰜墓都有出土。

中山成公墓出土的六件铜山字形器均高143厘米、宽80厘米。中山王䰜墓出土的五件铜山字形器（图5）均高119厘米、宽74厘米。两套铜山字形器虽然大小不同，但总体形状近似。山字形器的上部呈"山"字形，三支锋刃直指长空，山字形的下部向内回转成镂空云雷纹。器物的下端有圆筒状銎用以安插木柱，銎的两侧有方形楔孔，可以插钉固定在木柱上，䰜墓出土的山字形器銎内残留木杆朽灰痕迹。山字形器是战国中山国特有的青铜器样式，应是中山王的仪仗礼器，插在木柱之上，象征中山王的权威，也表达对山川之神的敬仰，表明自己是受

图5 铜山字形器

高119厘米，宽74厘米，銎径13.5厘米。

中山王𰯼墓出土。

仪仗礼器，一套5件。器物上部呈"山"字形，下部中间有安插木柱的圆筒状銎，插在木柱上，象征中山王的权威，是战国中山国特有的青铜器样式。

到山川之神的佑护。

大山是地下奔腾的烈火以不屈的信念冲破地壳禁锢的爆发，是伟大精神的体现，巍巍高山凝聚了一种永恒的力量。华夏文明中将山川视为自然神灵的观念由来已久，自古而今雄伟高山在人们心目中都是神圣的。

中山国的崇山观念也十分盛行。中山国对大山的深情，与对太行山的依恋息息相关。巍巍太行山自北向南绵延数百里，千峰百岭相连、万壑深沟纵列，是一座布满艰难险阻的高山、一座壮丽刚毅的雄山，也是一座包容滋养的母亲山。

中山国东迁以后，便长期立足太行山、依傍太行山，在长期的生产生活过程中，中山国人形成了强烈的崇山观念。

中山人把崇山观念寄寓在多种器物和建筑装饰上，表现出对山川的无限崇拜之情。除了山字形器，中山国多种器物的装饰上都可以找到"山"的形象，如山字形、山形纹等。著名的中山侯铜钺下部就铸有五座以线条勾勒的山峰样纹饰，钺的柄部上端所铸纹饰整体也构成"山"字形。

在灵寿古城铜铁器作坊遗址的一座铸铁炉边，发现有一组完整的人俑拜山文物。整套文物组合包括一件人俑和六件方锥体（图6），人俑身形直立，面部表情虔诚，正做圈手拜山状。方锥体底面为正方形，向上收为锥形，器身表面有朱红色长方形纹饰。出土时，人俑立于中间，方锥体每三个排列在一起，组成两个"山"字。陶人俑拜山发现于冶铜炉作业坑边上坎内，人俑和山字形器均用净土掩埋。这一现象可能是铸铜器的工匠在新炉升火冶铜铸器时先祈祷山神，保佑其出好成品，形象地反映出中山国崇拜山神的风俗。

图6　陶人俑拜山

人俑高10.2厘米，胸腹部宽4厘米；方锥体高6—6.5厘米，器底边长4厘米。灵寿古城铜铁器作坊遗址出土。

整套组合包括一件人俑和六件方锥体，均为泥质红陶，人俑做圈手拜山状，方锥体每三个排列在一起，组成两个"山"字，形象地反映出中山国崇拜山神的风俗。

中山国灵寿古城及中山王族陵墓遗址的多种大型建筑饰件上，也发现有多种象征性的山形装饰，如山字形脊瓦、山峰形瓦钉饰、座山形瓦钉帽等。

中山国崇山最为典型的表现，便是以"中山"为国名。中山国的城邑，在建设时有将山圈在城内的风俗，张曜《中山记》称："中人城，城中有山，故曰中山。"在中山国的后期都城灵寿古城的北部，也有一座小黄山。

巍巍太行，群峰苍莽，万壑纵横，气势磅礴；雄沉太行，浑厚壮阔，沉稳深蕴，博大包容；绵绵太行，林木葱郁，物产丰饶，养育万民。

太行山，是中山国生存的依靠，立足的凭仗，心灵的寄托。

二、依凭太行

朝阳中，太行群峰像出征的壮士披上了金甲战袍，庄严威武。

站立山顶，王䰜的心中生发出万丈豪情。太行山，他爱这座山，敬这座山，这是中山国的母亲山！

太行山是一系列巨大山脉的组合，它自北向南绵亘数百里，"天下之山，莫大于太行"。太行山西接黄土高原，东临华北平原，覆盖面积广大，在地理、历史和文化方面都具有巨大影响。

太行山区域与中华文明的早期发展息息相关，中华民族的先祖就曾在这一带开拓耕耘，繁衍生息，创造了光辉灿烂的文化。

"黄河西来走东注，太行山高压中土。"相对于平坦的华北平原，巍峨高耸的太行具有居高临下之势。太行山区域处于草原文明与农耕文明的交界地带，自古即是北方游牧民族向中原农耕地区过渡的桥梁地带，是衔接南北、控扼东西的交通枢纽。

中国的地形，自太行山实现了由高原向平原的转折，中山国也是在太行山完成了由弱至强的蝶变。

中山国自山西进入太行山东麓，主要是借助了太行山间的孔道。绵长的南北向太行山脉间分布有多条东西向的峡谷，形成穿越太行山东西的狭窄通道，其中最为著名的峡谷有八条，被称为太行八陉。陉，即指山脉中断的地方。古代由于条件所限，无法修建隧道、盘山公路等，山路多依山谷或河畔修建，所以太行八陉就成为连接山西高原与华北平原间的重要军事和商业通道。太行八陉自北向南分别为军都陉、飞狐陉、蒲阴陉、井陉、滏口陉、白陉、太行陉和轵关陉，其中的飞狐陉、蒲阴陉、井陉都在中山国境内。

强大的中山国，在自陕西北部东迁以后，一路穿过太原盆地、忻定盆地，再由忻定盆地东缘的灵丘一带，东出唐河峡谷，从而在华北平原立足。中山国最初所建立的城邑鸱之塞（即明朝之倒马关）、中人城、左人城（邑），都设在唐河通道与华北平原的交界处。后来，中山人一路南下，占据了太行山东麓的狭长区域，最终在这里发展、壮大，创造了春秋战国时期游牧民族进入华夏地区长期生存发展的历史奇迹。

白狄在太行山一带立足，体现出一种见缝插针的睿智。太行山东麓的滹沱河流域位于燕国之南、邢国以北的中间地带，且多山地、丘陵、河泽，是周王朝权力真空地带，一向是戎狄民族的聚居地。这一区域出土的春秋时期遗物，广泛具有北方民族特征，平山县穆家庄出土的络绳窃曲纹铜壶、行唐县李家庄战国初期墓出土的提梁铜匏壶、平山县访驾庄出土的素面提链铜壶等都是富有北方游牧色彩的器物。

中山国在自陕西、山西向东迁移的过程中，因为生存斗争的需要，一贯善于占据有利的地理位置定居、发展。其最终选择的太行山东麓一带，地当南北、东西交通要冲，在军事战略上具有重要的地位，而且便于防守、利于进攻，尤其是太行山一线的雄关要隘井陉、飞狐陉、蒲阴陉，是中山国军事强大的天然的地理因素。优势地形条件是中山国称雄的天然因素，也体现出中山国在选择定居地时的战略眼光。

井陉，亦称土门关，在今河北省井陉县，是连通晋冀的通衢要冲，号称"天下九塞，井陉其一"。《太平寰宇记》中记："四方高，中央下，如井之深，如灶之陉，故谓之井陉。"这一带的山势连绵起伏、层峦叠嶂，其道路两侧石壁峭狭、艰险难行，是联系太原盆地和华北地区的主要通道。穿越井陉向西，便可通往晋中的晋阳（太原）；从井陉往东，进入华北平原，再向东一路坦途，可以顺利到达齐国。

飞狐陉，也称飞狐口，位于今河北省涞源县以北、蔚县之南。这条长百余华里的大峡谷悬崖峭立如刀斫斧劈，中间仅一线微通、迤逦蜿蜒。飞狐陉一直是连通华北平原与山西高原、蒙古大草原的要隘。

蒲阴陉在今河北省易县以西的紫荆岭上，紫荆关是蒲阴陉上的著名关口，其地峰峦峭峙，山谷崎岖，仄径难通，易于控扼。紫荆关南部的倒马关，即战国时期的鸱之塞（鸿上塞），是中山国的北部重镇。

中山国控制的今河北境内太行山东麓一带区域不仅地势形胜、交通发达，而且水甘土厚。古代中国以农业立国，良好的自然环境往往是人类定居的首选。河北平原雨热同期的气候特征适合发展种植业，太行山脉可以抵御南下的冬季季风带来的严寒，也可以抬升挟裹着暖湿气流北上的夏季季风，在山前形成一条多雨带。太行山东麓的一系列冲积扇坡度较大，利于排水，地下水位低，土壤条件较好。战国时期及以前，黄河河道在华北平原频繁变动，地势较高的太行山麓不易受水患侵扰。

因为这一带有交通便利、经济发达的优势，又有控扼河北、山西两大地缘板块之间往来的军事价值，所以素有"得太行者得天下"之谓。

白狄部族，自陕北高原经历了一路艰辛，最终在太行山东麓立足、发展，建立了中山国，与群雄争衡天下。白狄族东迁是先秦史上既有文献记载，也有考古材料证明的一次民族大迁徙，在研究北方民族与华夏民族融合史方面具有重要意义。

三、与晋龃龉

东迁至太行山东麓后，白狄部的鲜虞、肥、鼓和仇由[①]几个集团组成部落联盟，其中鲜虞部势力最为强大，居主导地位，先秦典籍中除直接称呼以上各部落的名称外，往往也概括地将它们称为鲜虞。

白狄的发展与晋国的政治风云变幻密切相关，晋悼公时实行和戎政策促成了白狄的东迁。在白狄东迁的过程中，晋楚争霸的态势也发生了变化。公元前557年，晋楚在湛阪[②]进行会战，晋国再次击败楚国，这是晋楚争霸的最后一次大战。双方由于长期争霸，均国力疲敝、难以为继。于是公元前546年晋楚两国在宋国都城商丘召开弭兵大会，宣告停止争霸战争，成为春秋时期历史进程中的一个重要转折点。

弭兵大会后，晋国外战方停，内部斗争却日趋激烈，晋国各卿族之间的矛盾进一步激化，各自谋求土地扩张。于是，晋国从侧重于争霸中原转变为向北开拓疆土，遂放弃了和戎政策，

[①] 仇由又作"仇繇""厹由""凤繇""仇犹"。《山西通志》记："厹由，在今之盂县东北里许有仇由故城基，县北六里有仇由山。"
[②] 今河南省平顶山市北。

将作战重点转向了其周边的戎狄诸族。晋国先是打败了山戎无终部和群狄，接着又发动了对鲜虞部落联盟的系列战争，鲜虞诸部落的命运又变得险象环生。

晋国的进攻目标首先对准了建都于昔阳的肥氏部落。公元前530年，晋国名将荀吴（又称中行穆子）为了灭掉肥国，假称向肥氏借道以同齐国会盟，趁肥氏毫无准备之机突然攻入肥都肥纍城①，并俘获其酋长绵皋，肥氏部落灭亡。

接着，鼓氏部落又成为晋国的讨伐目标。公元前527年，"晋荀吴帅师伐鲜虞，围鼓"，荀吴带兵包围鼓氏，鼓氏因"食尽力竭而降"，荀吴擒获鼓氏首领鸢鞮。为了安抚鼓氏部族民众，荀吴下令"鼓人各归其所，非僚勿从"，不久后又将鸢鞮归还鼓氏。公元前520年，鸢鞮又率鼓氏叛晋，荀吴再次率军攻打鼓氏。这次荀吴派军士伪装成籴米的商人，暗中携带兵器在鼓国都城昔阳城②门外假装休息，乘鼓氏不备突然发起袭击，再次俘获鸢鞮，攻灭鼓氏，晋国派将军涉佗进行镇守与统治。

鲜虞部落联盟中的肥、鼓部落先后被晋国消灭，分布于今山西省盂县一带的仇由部落，地处深山，交通不便，难以为援。于是，在长达20多年间，势孤力单的鲜虞被迫屈从于晋国。

公元前6世纪末，由于楚、齐、鲁、卫等国扩展领土的意图渐强，中原地区在晋楚商丘弭兵大会后保持了40多年的和平状态趋于结束，晋国图谋攻楚。与此同时，晋国统治集团内部的斗争更加激烈。公元前607年晋灵公被赵氏家族所杀，公元前572年晋厉公被栾氏和中行氏所杀。晋国公室更加式微，各

---

① 今河北省石家庄市藁城区一带。
② 今山西省昔阳县西南。关于肥都之昔阳，杜预《春秋经传集解》云："昔阳，肥国都，乐平沽县东有昔阳城。"《读史方舆纪要》："山西平定州乐平县东五十里有昔阳城，肥国都也。"一说位于河北省晋州市古城村一带。

卿族之间的兼并斗争日趋激烈。公元前514年，晋国卿族中的祁氏、羊舌氏被灭，晋国形成韩、赵、魏、范、智、中行六卿专政的局面，各卿族之间的矛盾与斗争不断。晋国六卿之间，智氏、韩氏、赵氏、魏氏同中行氏、范氏之间的斗争发展至白热化。此时，晋国统治内外交困，鲜虞于是抓住时机，进行反抗。

公元前507年，晋国忙于筹备来年与齐、宋、卫等国的召陵①会盟，图谋伐楚，鲜虞趁机举兵反晋。《左传·定公三年》记："秋九月，鲜虞人败晋师于平中②，获晋观虎，恃其勇也。"

鲜虞对晋国进攻的反抗，在史书中也有一定记载。《左传·定公四年》春，当蔡侯请求晋国出兵助其伐楚时，晋国大夫荀寅以"中山不服"等为由拒绝。这表明，此时的中山虽然依附晋国，但随时都有反叛的可能。西晋杜预《春秋左传集解》认为这里的"中山"即指"鲜虞"。这一时期的史书，"鲜虞""中山"都指代中山国，说明此时的鲜虞已经完成了与当地的融合，华丽转身为"中山国"。公元前506年，晋士鞅（范献子）两次征伐鲜虞，以雪前一年平中战败之恨。

但是，晋国的进攻并没有消灭中山国，中山国表现出顽强的生命力，不仅在战斗中不断发展壮大，而且还屡次插手晋国统治集团内部的斗争。春秋中期以后，晋国异姓卿族的势力不断膨胀，与晋国公室发生剧烈对抗。

公元前497年，晋国六卿之一的赵氏宗主赵鞅与属于小宗的邯郸赵氏发生了激烈冲突。由此诱发晋国各卿族之间及晋与邻国之间系列错综复杂的矛盾，白狄也卷入其中。

---

① 今河南省漯河市。
② 杜预《春秋左传集解》云："平中，晋地。"

赵氏内讧时，贪婪的范氏、中行氏介入争斗，赵鞅请命于晋定公联合智氏、韩氏、魏氏剿灭范氏和中行氏。齐、魏、郑、宋、鲁等国为了削弱晋国的力量并阻止智、韩、赵、魏四家在晋国得势，公开支持范氏和中行氏，并出兵干涉。范氏和中行氏原本都是白狄诸部的死敌，范氏集团的范武子士会、范文子士燮、范宣子士匄、范献子士鞅和中行氏集团的中行桓子荀林父、中行宣子荀庚、中行献子荀偃、中行穆子荀吴，都曾对白狄部进行攻伐。但是鲜虞中山国因不愿看到一个强大而统一于公室的晋国，也公然支持范氏和中行氏。

公元前494年，晋定公与智、韩、赵、魏四家联军挫败范氏和中行氏势力，将以中行寅、范吉射为首的残余势力包围在朝歌①和邯郸两座孤城中，齐、卫等国为了解救范氏和中行氏，一面出兵邯郸，一面向中山国求援，中山国遂出兵南下。公元前494年，赵鞅率军包围朝歌，齐、卫、鲁、鲜虞联军进攻晋国的五鹿②。随后，鲜虞及齐、鲁、卫共同伐晋，中山国趁机占据棘蒲③，使本国疆土有了很大扩张。此时的中山国，日益发展壮大，成为中原诸侯争雄中的一支重要军事力量。

公元前492年，"晋赵鞅纳卫太子蒯聩于戚。春，齐、卫围戚，求援于中山"④。危急之时，齐、卫再次向中山求援。同年，范吉射、中行寅被围困的朝歌因内断粮草、外无援军而被攻陷，范吉射、中行寅逃往邯郸。公元前491年，赵鞅包围并攻克邯郸，范吉射、中行寅出逃，中山接应他们进入柏人⑤。赵鞅穷追

---

① 今河南省淇县。
② 今河北省大名县东。
③ 今河北省赵县。
④《左传·哀公三年》。
⑤ 今河北省隆尧县西。

不舍，于公元前490年攻陷柏人城，范吉射、中行寅又逃奔齐国，柏人被晋国赵氏所占，晋国持续八年之久的内乱至此结束。晋国内乱过程中，中山国不断介入，并一再应齐、卫的要求出兵，说明当时的中山国已经具备了相当强大的军事实力。

  然而，鲜虞中山很快便因支持范氏、中行氏遭到报复。公元前489年，赵鞅率师伐鲜虞。公元前475年，赵鞅之子赵襄子灭代国[①]后又对中山国展开了连续的攻伐，占领中山国的两座重要城邑中人[②]和左人[③]。赵襄子连胜中山后，带领十万大军在新占领的中山国土地上进行大规模狩猎。中山国遭受致命打击，此后20多年间史书中未见对中山国的记载。

  中山国在晋国的打击下日渐削弱，鲜虞联盟部落的另一支仇由也被晋国彻底攻灭。公元前458年，晋国的智伯图谋灭掉鲜虞的联盟部落——仇由。但是，晋国与仇由之间的道路险阻难以成行，如果派人开山凿路又会暴露出兵意图。智伯便心生一计，用贵重的青铜铸造了一口大钟，表示要赠送给仇由国君。仇由国君非常高兴，便下令民工开辟道路，以迎取这口大钟。仇由大臣赤章曼枝看透智伯的用心，便劝说道：赠送贵重的礼物，是小国敬事大国的做法，现在作为大国的晋国却向小国赠钟，必有军兵随后来到，千万不能接受。但仇由国君固执己见，不听劝说。赤章曼枝见劝阻无用，便急忙逃奔齐国，匆忙间连车轴都跑断了。仇由把道路修好后，迎取了大钟。可是大钟还没安放好，晋国的大军就顺着新修的道路冲杀而来，仇由最终被智伯所灭。

[①] 位于今河北省西北部、山西省东北部的河北蔚县、山西大同一带。
[②] 今河北省唐县西南。
[③] 今河北省唐县西北。

晋国灭掉仇由后，继续对中山国进行打击。公元前457年，"荀瑶伐中山，取穷鱼之丘"①。中山国因内外交困，以致国弱民散，几近灭亡。

四、皇祖文武

中山国虽接连受到晋国的致命打击，但其势力并未被彻底消灭，而是在等待时机，准备重新崛起。公元前455—前453年，晋国卿族中的赵氏与智氏、韩氏、魏氏为争夺政治权力发生严重内乱。晋国六卿中的范氏、中行氏被灭后，智、赵、韩、魏四家卿大夫中以智氏的力量最为强大。执掌晋国国政的智瑶恃强向韩康子、魏桓子索取土地得逞，但在向赵襄子索取土地时遭拒。于是，公元前455年，智氏胁迫韩、魏两家出兵共同攻打赵氏，赵襄子退居晋阳固守。

当初赵鞅因深虑于卿族之间相互倾轧的现实，想建一座城池作为自己的战略据点，于是将这个任务交给了家臣董安于。董安于是"古之良史"董狐的后代，他审时度势选择在远离其他五卿的太原盆地汾河西畔修筑晋阳城。董安于在此经营多年，城中的建筑以铜柱取代木柱，城墙由板夹夯土而成，墙骨选用丈余高的荻蒿等植物主干。后来，尹铎又接手晋阳的经营，不但继续加筑城池、储备资源，他更注重在百姓当中树立恩义。经过他们两人的苦心经营，晋阳成了赵氏最稳固的根据地，所以有危险发生时赵襄子就逃往晋阳。

因晋阳城池坚固，智瑶围困晋阳两年未能攻下，便引晋水淹灌晋阳城。危急之时，赵襄子派张孟谈秘密出城说服韩、魏

①《水经·巨马河注》引《竹书纪年》，穷鱼之丘在今河北省涞水县西。

两家倒戈,放水倒灌智瑶的军营,并擒杀智瑶。接着,赵、韩、魏三家联合尽灭智氏宗族,瓜分其土地,史称"三家分晋"。

晋国的内乱与分裂,为中山国的发展提供了机会。"三家分晋"后,魏国实力雄厚,公元前424年,图谋称霸的魏文侯欲与赵国共同瓜分中山的势力范围。

公元前422年,魏国要攻打中山国的消息传到了赵国。赵国担心魏国插手中山会使其势力更加壮大,但又忌惮于魏国的强大。于是,常庄谈向赵襄子献计说:"魏并中山,必无赵矣!何不请公子倾(魏文侯之女)以为正妻。因封之以中山,是中山复立也。"常庄谈的这番进言,让中山国转危为安,逃脱了被魏国、赵国瓜分的厄运。

魏文侯不费一兵一卒,便能让自己的女儿得封中山,于是便同意了赵国的建议。此时复立的中山君主应该就是中山文公,关于文公史书上没有任何记载,从铜方壶铭文"皇祖文武"的表述才了解到他的存在。文公重兴中山的具体时间及细节难以考察,但中山王礐刻铭铜方壶上明确刻有"惟朕皇祖文武,桓祖成考"的字样,从而可以推断,文公是战国中山国的先世之君。

文公之后,是中山武公,文公和武公在"三器"铭文中被尊为"皇祖文武"。武公是中山国历史上一位重要的国君,在史书中有明确记载。《史记·赵世家》记载:"赵献侯十年(前414年),中山武公初立。"《世本·居篇》称:"中山武公居顾。"中山武公就是有效地利用了当时列国之间相互斗争的时机,发展壮大的。

当时的魏国,魏文侯广招贤才,积极进行政治改革,国富兵强。公元前419—前408年,魏国图谋扩展,同秦国争夺河西之地①，与秦国在少梁②、籍姑③、庞繁④连年展开大战。"三家分晋"后，赵国和韩国既皆屈从于魏国，又相互敌视，企图伺机进攻对方。《竹书纪年》记：晋烈公元年（前415年）"赵浣（赵献子）城泫氏⑤""韩武子都平阳⑥"，可见当时赵国忙于巩固新占领的地盘，韩国则忙于迁都。齐国因想削弱魏国，于公元前413年出兵魏国的黄城⑦，包围了阳狐⑧。可见公元前414年前后，中山国周围比较强大的几个国家，均忙于相互攻击，而北面的燕国势力又比较弱。于是，武公趁机开疆拓土，并建新都于顾。

关于"顾"的地望，学者们存在多种说法，有范县说、鼓地说、定州说、唐县说等，谭其骧、杨宽等认为"顾"的地望在今河北省定州市一带。

考古人员在河北唐县发现有战国—汉代的北城子遗址，相传"北城子"得名于其位于中山城的北侧，为研究中山国的城邑提供了重要参考。

近年，在行唐故郡又发现了早于灵寿古城的中山国城址遗迹，发现了大面积城墙、居住遗址和墓葬，出土器物中有效仿中原礼制的青铜器，也有北方系青铜器、金虎形牌饰、金盘丝耳环等富有游牧民族风格的器物。特别是完整的一字陈列并瘗埋人骨和动物头蹄的车马——殉牲坑、漆彩贴金极为豪奢的五辆驷马华车，体现了中原礼制与草原风情的结合之美。故郡遗

---

① 黄河以西和洛水以北的地区。
② 今陕西省韩城市南。
③ 今陕西省韩城市北。
④ 今陕西省韩城市东南。
⑤ 今山西省高平市。
⑥ 今山西省临汾市西南。
⑦ 今山东省冠县南。
⑧ 今河北省大名县东北。

址"与灵寿故城时代相继,藕断丝连,是解密中山国史的关键链环"[①]。期待以后更多的考古发现,能为揭开中山国早期国都之谜提供更多线索。

中山武公仿效华夏诸国建立政治军事制度,元代吴师道在《战国策·中山策补》中指出:"中山武公初立,意者其国益强,遂建国备诸侯之制,与中夏抗钦。"中山国迎来了又一次发展机遇。在经历近百年曲折沉浮的鲜虞中山国历史上,武公复兴是一件具有重大意义的标志性事件,也是战国中山国具有明确纪年的开始,武公与文公在铜方壶铭文中被尊为"皇祖文武"。

但是好景不长,武公复兴中山后不久就去世了,继位的桓公年幼不恤国政,而此时,意在称霸中原的魏文侯对中山国虎视眈眈。"三家分晋"之后,魏国占有了原晋国南部最富庶的地区,经济基础较好,又扼黄河天险,魏文侯经过李悝变法,建立集权政治、发展生产,逐渐强大起来。魏文侯恃国力强盛,相继向四面展开进攻,开疆拓土,多次取得兼并战争的胜利,成为战国初期的霸主。公元前408年,魏文侯完全夺取秦国的河西之地,势力大盛,图谋称霸中原。于是,便将下一个进攻目标指向了中山国。

五、魏伐中山

魏国是战国时期最先适应时代潮流并进行大胆改革的诸侯国,所以能在战国初期称霸百年。"三家分晋"后,魏文侯任用李悝等进行改革,并网罗了田子方、段干木、吴起、乐羊、西门豹等一大批人才,可谓人才济济,从而国力强盛,西吞秦国

[①] 张春长:《考古中山》,《亚洲考古》2018年11月29日。

的河西之地、东却齐国、南退楚国，称霸一时。

公元前408年，赵献子的儿子赵烈侯刚刚继位，无暇东顾，这给魏文侯创造了绝好的机会。

魏伐中山的原因，很多人一直觉得费解，因为魏与中山之间还隔着赵国。魏与中山，看上去相距遥远，但"三家分晋"最初划定势力范围时，因为分割智氏等的封地等原因，三家的势力范围是犬牙交错的。分析"三家分晋"初期的地图，就会发现魏国其时在太原盆地分得有城邑，太原盆地东边缘、晋阳城东南方向的榆次①、阳邑②两邑是魏国的控制区。

当时的魏文侯有气吞万里的雄心和气概，在魏国的战略构思中，如果能拿下太原盆地，就可以对赵国南部的邯郸、邢台形成包围之势。魏灭中山，一方面是为了扩大领土，另一方面也是为了更好地控制扼晋、冀咽喉的井陉关，进而谋求在太原盆地更大的利益。

魏国攻打中山国，需要越过赵国的土地跨国作战，所以必须首先获得赵国的支持。因为，如此长途作战，不仅有浩浩荡荡的队伍，还要运送粮草物资。对于赵国来说，魏国大军过境自然是有一定的危险，而且彼时赵国刚刚迁都中牟，立足未稳。所以，年仅16岁的赵烈侯开始并不同意魏国借道，因为中山国与赵国唇齿相依，一旦中山国被灭，将会威胁到赵国的安全。

但是赵国大臣赵利向赵烈侯详陈利弊，他认为：如果魏国进攻中山国失利，魏国不但不能占领中山，而且还会自身疲敝，从而使赵国显得重要。如果魏国占领中山，但一定不能越过赵国而拥有中山。因此，用兵的是魏国，但取得土地的却是赵国。

---

① 今山西省晋中市榆次区。
② 今山西省晋中市太谷县。

所以，他认为魏国攻打中山，无论谁胜谁负，对赵国都是有利无害的。所以赵国的明智之举是答应魏文侯的借道请求，静等坐收渔利。

但赵利又认为，赵国如果答应得太痛快，就会让魏国明白其心思，放弃对中山的进攻。所以既要借道给他们，又要做出迫不得已的样子。于是，赵烈侯假装不情愿地同意让魏国借道攻打中山国。

魏文侯要攻打中山国，还需要选拔一名善于打仗的将领带兵。在魏相翟璜的推荐下，魏文侯选定乐羊为攻打中山国的主将。乐羊原是翟璜的门客，当时尚属无名，并曾杀死翟璜之子翟靖，而且乐羊的儿子乐舒正在中山国任职。但是翟璜深知乐羊的才能，不计个人恩怨，力荐乐羊担任主帅出兵讨伐中山国。[1]

乐羊原本是中山国人，从小家境贫寒，但是他却娶了一位头脑清明、意志坚强的妻子。《后汉书·列女传》记载：乐羊在路上行走时，曾经捡到一块金子，就把金子拿回家给了妻子。妻子说："妾闻志士不饮'盗泉'之水，廉者不受'嗟来'之食，况拾遗求利，以污其行乎！"乐羊听后十分惭愧，就把金子丢弃到野外，出外求学。

一年后乐羊回到家中，妻子问他回来的缘故，乐羊说："出行在外久了，心中思念，没有特别的事情。"妻子听后，就拿起刀来快步走到织机前说道："此织生自蚕茧，成于机杼。一丝而累，以至于寸，累寸不已，遂成丈匹。今若断斯织也，则捐失成功，稽废时日。夫子积学，当'日知其所亡'，以就懿德；若中道而归，何异断斯织乎？"乐羊被他妻子的话所感动，重新

---

[1]《战国策·魏策》。

回去完成了学业，一去七年乃归。

乐羊学成后，在魏相翟璜处做门客，并在翟璜的推荐下成为魏伐中山的主帅。

乐羊出兵后，由于没有有利的战机，于是施行缓兵之计。消息传到魏国，朝中大哗，群臣纷纷诬告乐羊通敌。

但是，此时的乐羊却在忍受着痛苦的煎熬。

乐羊攻中山时，其子乐舒正在中山国为官，中山国君眼看乐羊来势汹汹，便大打亲情牌，派乐舒登上城楼劝说乐羊休兵，但乐羊根本不为所动，说："君臣之义，不得以子为私。"中山国君见乐舒的劝告不起作用，乐羊的进攻反而越来越猛，于是便杀乐舒而烹之，并派人将乐舒的肉羹给乐羊送去，乐羊"坐于幕下而啜之，尽一杯"。使者归报中山君，他慨然长叹曰："是伏约死节者也，不可忍也。"

此后，深感丧子之痛而又饱受谤议的乐羊指挥军队对中山展开了潮水一般的进攻，经过三年努力，终于攻下中山。

中山一战，让乐羊成名。但魏文侯并没有打算对他进行重大封赏。乐羊伐中山胜利后，回国向魏文侯报告，显出夸功骄矜的神色。魏文侯察觉到这一点，在大宴群臣后，就命令人员把乐羊攻打中山国这几年群臣弹劾他的奏书拿出来。乐羊看到这些"弹劾信"，急忙退身叩拜说："攻下中山国，不是我的力量，是君主您的功劳啊。"

对于乐羊在灭中山的过程中忍痛啖下其亲生儿子乐舒的肉羹，魏文侯起初也是心存感念的，他曾对睹师赞说："乐羊以我之故食其子肉。"睹师赞却说："其子之肉尚食之，其谁不食！"[1]

---

[1]《战国策·魏策》。

魏文侯听后，也深感乐羊心肠狠硬，遂疏远了他。

于是，魏文侯认为，乐羊一是矜功，二是心地残忍，没有父子骨肉之情。遂将乐羊封在灵寿，以后再没有乐羊统军作战的记载。

建功后归于无名，这对乐羊来说应该还是一种不错的下场。与助魏文侯称霸的另一位关键人物吴起相比，乐羊还算幸运。为了君主的霸业，乐羊曾"面不改色食子羹"，吴起亦曾"杀妻求将""大义灭亲"。乐羊虽然也想扬名立万，但识时务、懂进退；而吴起是为了目标，不择手段、冷血无情、树敌无数，最终铤而走险，落得在楚国乱箭穿身的悲惨下场。

乐羊受封中山后，其后代世居中山，战国晚期的名将乐毅，即是乐羊的后代。乐毅，是战国后期杰出的军事家，拜燕国上将军。公元前284年，他统率燕国等五国联军攻打齐国，连下70余城，创造了古代战争史上以弱胜强的著名战例。后因受燕惠王猜忌，投奔赵国，被封为望诸君。

被魏国占领后，中山成为魏国的附庸。魏文侯封太子击为中山君，派名士赵仓唐为其师傅，派政治家李克治理中山。魏国统治时期的中山国，史家称为"魏属中山"[①]。

魏文侯很重视对中山地区的治理，本人曾经前往中山国巡视，史书中有"魏文侯从中山奔命安邑，田子方后"[②]的记载。魏文侯"受子夏经艺"[③]，非常推崇儒家，重用的人才也多学于儒家。在李克治理中山的过程中，魏国重礼、重教、重文的崇儒风尚和礼乐仁义思想传入了中山国，同时其重视农业的思想

[①]［汉］刘向:《说苑·卷12·奉使》。
[②]［汉］刘向:《说苑译注》，北京大学出版社2009年版。
[③]［汉］司马迁:《史记》，中华书局2014年版。

及对农业生产的管理方略也促进了中山国生产的发展。

  但是，对于中山国人来说，魏国的统治终归是一种刺痛。那个痛失国家的桓公时时都在自省中发奋；那个不甘于屈服的中山，刻刻都在伺机复国。

  而在战国的风云变幻中，只要在沉默中积蓄力量，在等待中寻找机会，复国的时机总会来临。

第四章

宏图大展

一、大吉灵石

这是一块貌似普通的石片，质地是灰白色的大理石，并没有经过抛光，显得黯淡而朴素。石片整体形状近似三角形，边线呈不太规则的弧形。

虽然质地粗硬、形制简单，但这显然又是一块经过加工的石片（图7）。石片明显取自太行山区的岩石，在大山的深处，它是因怎样的机缘被捡拾出来，又是在怎样的情景下被加工成如此模样？

无论如何，这都是一枚承载了历史的石片，甚至可能是承载了中山国命运和未来的石片。

这一切，皆因为石片上有墨书的文字。

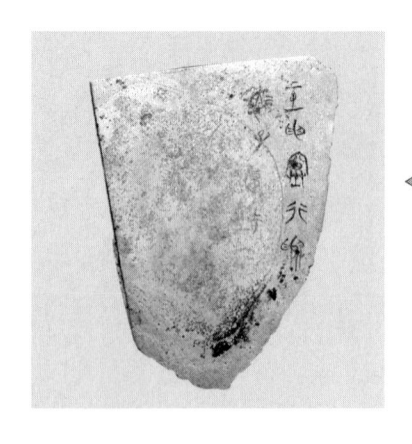

图7　墨书文字石片

长9.5厘米，宽7.5厘米。中山王䜌墓出土。

灰白色大理石质，右侧较薄，右下部呈不规则的弧形。在靠弧线边的一侧竖向墨书2行9字"壬申䇂行與赹子䛒吉"。

经历了2000多年岁月的磨蚀，石片上的文字仍旧清晰可见："壬申寏行舆趄（桓）子匽吉"。林杰等学者认为，这块石片上的文字有玉卜的功能，石片上的文字中，"壬申"记时日，"壬申"为占卜中的叙辞；文字中的"寏"有多种释读，郭沫若释为"寇"，认为是殷人宗庙之意；"行舆"为占卜的命辞，即所要贞问的事；此处的"桓子"，为中山桓公。考察历史传统，以石为卜极为罕见，但是石片上的文字可能是对占卜结果的记录，如利簋上的铭文是对武王伐纣的记录。作为一国之君，桓公所要占问的一定是军国大事。也许是中山桓公复国行动前的占卜，得到的结果为"匽吉"，是大吉的占断。

如果桓公复国前进行了占断，那么大吉之兆一定是应验了的，因为桓公后来果然复国成功。

这块石片出土于王䓵墓的西库，同出的有大量玉器珍品，这块看上去并不起眼的石片与琳琅的玉器被同样珍视，并作为䓵的陪葬品，显示出王䓵对这块大吉灵卜的珍爱和重视。

王䓵珍视它，也许是因运筹帷幄多年的桓公在复国前在此石片上记下天意，也许是因这块石片见证了中山国复国的艰辛。

无论如何，在被魏国占领多年后，强韧而英勇的中山人走出了深山，雪洗了耻辱，重新复兴了国家，兴建了新的都城，并焕发出蓬勃的生机和昂扬的斗志，势不可当地成为战国群雄中的一股狂飙力量，在列强争雄中显示出愈加重要的地位。

中山复国，有赖天意，更赖人的奋斗。

二、桓公复国

被魏国所灭，是中山国发展历史上的一段悲情往事，是武公中兴后不久遭遇的一场厄运。

但所幸的是，战国初期在处理国家之间的关系方面古风犹存，被魏国占领的中山国在一定程度上得以保留了国君宗庙和公室，才有了东山再起的机会。《史记·乐毅列传·索隐》中说："中山，魏灭之，尚不绝祀，故后更复国。"西周至春秋时期，"灭国不灭祀"是一种惯例，也就是一个国家将另一个国家灭掉后，应当辟出一块地方让其宗室建"国"，以祭祀祖先。周灭商后就施行了这一做法，周武王封纣王之子武庚为殷侯，允许他继续留在殷商旧都朝歌。对于新的天下共主来说，保留前朝王室宗庙能起到安抚遗民的作用。楚怀王战败越国后，也没有彻底消灭越国宗庙。在这方面最为典型的是卫国，直至秦统一全国后其才被彻底消灭。公元前254年，魏国灭卫国后，"更立嗣君弟，是为元君。元君为魏婿，故魏立之"。但这时的卫国领土只剩下国都濮阳一地。公元前241年，秦取濮阳，卫元君被迁往野王（今河南沁阳）。公元前209年，卫君角被废为庶人，卫国才彻底灭亡。春秋末期，这一惯例常常不被严格遵守，特别是到战国时期日渐消弭。但从史书的记载看，中山国被魏国占领后，可能存在这种情况，因宗庙尚存，桓公能够重新聚集力量复国。

桓公复国的具体时间，史书中没有明确的记载。从整体历史背景上看，中山复国是与魏国的盛衰相关联的。战国初期，魏文侯通过改革内政，富国强兵，首先称霸。魏文侯称霸，很大程度上是依靠了韩、赵两国的支持。魏、赵、韩因同出于晋国，又相互毗邻、交错，在"三家分晋"初期保持了合作关系，对抗其他国家时也相互支持。其中最为著名的是历时两年的"三晋伐齐"。公元前405年，齐国发生内乱，反叛的齐国大夫田会向三晋求援。魏文侯命翟角率领与赵、韩的联军一路攻到了齐国的长城，迫使齐国屈服。公元前403年，齐康公被迫与三晋君主共同朝见周天子，代三晋向周威烈王请求封其为诸侯。公元前400年，赵、魏、韩共同伐楚，攻至乘丘①，楚国战败。公元前391年，赵、魏、韩又伐楚，在大梁、榆关大败楚军，大梁从此划入魏国版图。

但是，魏、赵、韩三国的联合并没有维持太长时间，因为三国之间存在极大的利益纷争和利害冲突，相互之间的矛盾不断加剧。战国初期，虽然三晋经常联合出兵，但因魏国势力强大，因此大部分利益为魏国所得，而赵国和韩国却没有捞到多少好处，反因魏国的日益强大而受到威胁，因此处境窘迫、心怀不满。在利益面前，三晋日益暴露出相互倾轧的真面目，逐渐走向分裂。

魏占中山，跨越了赵国的领土，由此也造成赵国被魏国从南北两个方向钳制的局面。赵国在战国初期曾一度想向南发展，并于公元前425年将都城由晋阳迁至中牟②，中牟位于其国土南部接近魏国的部位。但赵国向南发展的战略受到魏、卫两国的联合阻拒，公元前386年赵国被迫将国都迁到中牟以北200多千米的邯郸。

公元前383年，赵国大举进攻卫国，魏国出兵救卫，卫、魏联军败赵军于兔台③，并进攻赵国旧都中牟。赵国接连失败，危急之下便向楚国求援，由魏奔楚的名将吴起率军助赵。楚军进攻的重点是魏国本土，赵军则主要进攻魏属中山，"烧棘蒲，坠黄城"，占领了魏属中山的棘蒲和魏国的黄城，战争一直持

---

① 一作桑丘，在今山东省济宁兖州市西北。
② 今河南省鹤壁市西。
③ 今河南省清丰县西南。

续到公元前381年才结束。在魏、卫和赵、楚大战之际，齐国趁机起兵袭燕，也无暇顾及中山。因此，学者们推断，中山桓公复国发生在魏国败于赵、楚两国前后，即公元前381—前380年前后。

赵、魏交恶，魏国要越赵而控制中山，交通不便，统治不力。而且在魏、卫与赵、楚的大战中，魏国又遭战败，所以魏国不得不放松了对中山国的控制。而赵国也无力吞并中山，中山因此乘机复国。

周边的国家在勾心斗角中陷入一片混战，落寞的桓公日渐按捺不住心头的激动，因为他在混乱中发现了属于自己的契机。多少年了，失国的耻辱与悔恨一直在他的心头萦绕，郁结成一份深沉而冷冽的痛。

这份痛随他踏过太行山纵横的沟沟壑壑，这份痛随他承受部众们无数次期盼的目光，这份痛被注入他每一次关于复国的暗暗发誓，这份痛被贯注于他每一个对成功的虔诚祈祷。这些年，在大山的庇护下他暗中积蓄了复国的力量；这些年，他也一直在思考复国后的发展大计，并暗中勘察复国后的都城选址。

他是中山的君主，他的血管中流淌着白狄勇猛豪放的热血，他的灵魂中荡动着先人不羁不屈的遗风。现在，周围的国家都忙于征战，他们忽视了已经败落的中山，他们漠视了那个曾被打倒的国君。那个国君已经不再是懵懂不更事的少年，在岁月和苦难的磨砺中他已经成长为一个富有谋略的政治家。当企盼已久的机会来临，桓公及时地抓住了宝贵时机，成功复兴了中山。

三、建都灵寿

王䰾居坐在灵寿城的宫殿内，他坐得很安稳。

可是，当初他的祖父桓公初次坐在灵寿城的时候，心中一定是五味杂陈。曾经失国的悔恨刚刚被复国的喜悦所代替，抗魏复仇的主题要调整为防赵以自保，在太行山中低调的隐忍也要转变成紧锣密鼓地进行新都建设的繁忙。

《世本·居篇》称："桓公徙灵寿。"桓公复国后，仍旧选择在太行山东麓建都，但是把都城的位置更向南移，在滹沱河畔的今平山县三汲乡一带建立了新都——灵寿古城。中山人要牢牢地控制住滹沱河，将赵国阻挡在滔滔滹沱的南岸，甚至更远的地方。中山刚刚复国，就已摆出了一副攻势。

灵寿城在魏国统治中山时就应是重镇所在，魏国占领中山后即封在灭中山时立下头功的乐羊为灵寿君，并让他镇守此地。乐羊居灵寿，带来了魏国先进的经济文化，促进了灵寿城手工业、商业的繁荣和城市的初步发展。

中山国一贯比较善于城市的选址，其早期建立在太行山东麓的城市鸱之塞、中人城等重要城邑均位于太行山的险关要隘。鸱之塞，又称鸿上塞，扼今河北唐县西北的倒马关；中人城，位于今河北省唐县西北一带的峭岭上，也正当冀中平原通往山西地区的咽喉要道，地势险要。

从地理的角度看，灵寿城所处的华北平原西缘一带，因有多条河流从山西高原奔涌出太行山，河流所挟带的泥沙在山前形成广袤的冲积扇，形成了一条纵贯南北、与太行山平行的狭长文明走廊。这条南接邯郸、北通燕涿、东到临淄、西北通代地的南北交通干道，早在商代就已经发展起来，商代先祖王亥就曾沿此大道"肇牵车牛远服贾"，现在的京港澳高速、京广铁路也穿过这条古老的交通要道，历史地理学家侯仁之先生称之为"古代太行山东麓大道"。这条大道也是一条"盛产古都的大走廊"，自北向南有蓟、燕下都、灵寿古城、邢台、邺城、邯郸、安阳等众多古都。一座座有着深厚底蕴的古都名城，仿佛在太行山东麓穿起了一条晶莹的珍珠项链，而灵寿城就在这条长廊的中间位置。中山桓公建都于此，显示出一位政治家的战略眼光。

灵寿城一带土地肥沃，可以农耕，也适宜放牧，还有山林之便。因临近滹沱河，此处地下水位较高，便于打井取水，保证了城市生产和生活的充足用水。

当中山桓公行走在太行山的山脚下，眼望巍巍耸立的高山、面对奔腾不息的滹沱河，他一定满怀豪情。作为一位失国又复国的国君，他一定要以更大的作为来洗雪自己曾经的耻辱，让子孙记住他的功绩。

积蓄已久的中山，已经在沉潜中蕴蓄了巨大的能量，它要一飞冲天；沉默已久的桓公，也在韬晦中审度透察了周围诸国的形势，他要利用群雄争霸的时机，实现中山国又一次的涅槃。

现在，他要营建一个新的国都，这个国都比原来的都城更向南，这也意味着中山国把自己的统治中心明显向南移，从而离那个长期的死敌赵国更近了一步。统治重心南移后，中山国便能更好地控制井陉隘口和滹沱河两大战略要地。

在滹沱河畔，桓公要营建一座坚固而雄伟的新的都城。建都灵寿，显示出桓公无惧强敌的勇气和开疆拓土的决心。

《管子·乘马篇》中曰："凡国立都，非于大山之下，必于广川之上。高毋近旱而水用足，下毋近水而沟防省。因天材，就地利，故城郭不必中规中矩，道路不必中准绳。"指出建立国都要考虑到地形、地势、水源、防卫等几个方面的因素，并充分利用自然条件。灵寿古城的选址、规划与建设就充分体现了以上几个方面的原则。从其地理位置看，中山国人建都于此是经过精心选择、严密考虑的，也反映出中山国人对地形、地势的利用能力。

灵寿城（图8）位于滹沱河北岸的台地上，西北傍太行山，南依滹沱河，东面是宽广的山前洪积冲积扇平原——华北大平原，地势要冲，交通方便，具有十分优越的地理优势。这座城的背后依屏东灵山、西灵山和牛山三座山峰，是西、北方面天然的防卫屏障。古城的护城河利用了两条分别源于东灵山和西灵山、自北向南流入滹沱河的天然河沟。城市的城墙修筑于河沟内侧的断崖上，依自然地势曲折而成，所以古城的整体形状呈不规则的桃形。

"城俗以山在邑中"是中山国建城的传统。灵寿城北部的

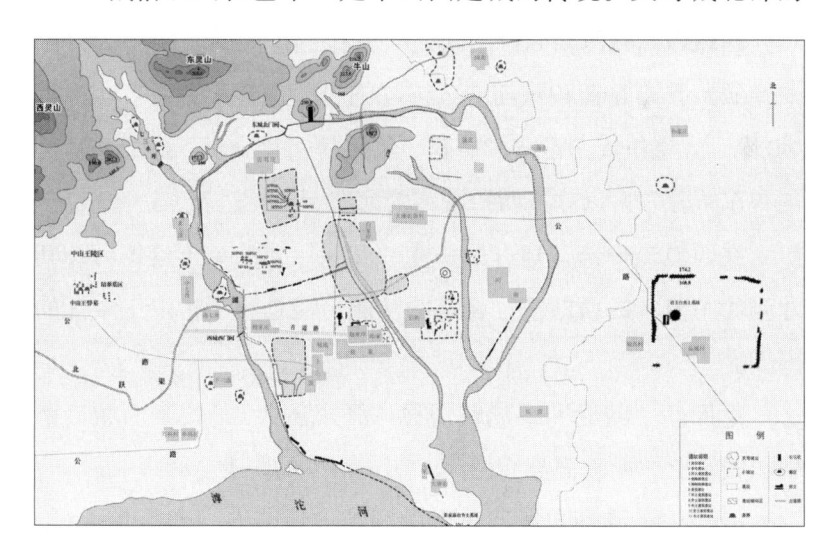

图8　古灵寿城平面图

> 灵寿古城是中山国的后期都城，位于今平山县三汲乡一带，约建于公元前380年。灵寿古城南北长约4.5千米，东西宽约4千米，城内分为东城和西城，中间设有隔墙，城内宫殿建筑区、手工作坊区、平民居住区、商业活动区和王陵区分区明确。

"小黄山"为全城制高点，可以起监督、瞭望和指挥的作用。

这是一座易守难攻的雄城。

灵寿城在建设上高度设防，城垣四周有多处与垣基相连、或向内凹或向外凸的大型夯土附属建筑。

灵寿城只有一个对外陆地通道，即北城垣中部的东城北门阙。为了便于防守，在修筑时将城垣隔墙筑出一个拐角，东城垣西端也筑成一个拐角，两个拐角相交，便形成一个小斗城，城门的门阙通路即由斗城中穿过。在这座门阙的东侧，有一座"城垛"式高台建筑，建在一座自然形成的石质小丘上，当地人俗称"簸箕掌"，其位置恰处于东灵山和牛山的山口位置，地势要冲。这座城垛建筑主要是为保护东城北门阙，从考古发掘出土的瓦件、箭镞看曾驻兵防卫。

西城西门阙以南600多米处，也有一座面积较大的"城垛"式建筑，其南是西护城河汇入滹沱河处，位置十分重要。根据"城垛"式建筑周围散落的砖瓦、箭镞等遗物分析，此处当初可能有军队驻守，以守卫西护城河的河口。

在西城垣中部，建有另一座"城垛"式的夯土建筑台，其北侧为王陵区的西门阙，建筑的功能可能是为了护卫王陵区的门阙。

第四座"城垛"式建筑俗称"张家庙台"，位于西城最南端的城垣上，面临滔滔滹沱河，用于河岸的防卫。

另外，在灵寿古城外东面的高坡上还建有一座夯筑小城，属于灵寿城的外围城堡。小城的西部中央建有一座夯筑土台，当地俗称"召王台"，与灵寿城内的制高点小黄山遥遥相望，发掘时地面残存夯土建筑遗迹和建筑构件、铜镞等。在这座小城城外东侧也建有一座夯筑土台，是具有烽火台性质的军事防卫设施，具有监视、瞭望、报警及防御作用。

灵寿城建成后的规模南北长约4.5千米，东西宽约4千米，尚存的西城垣垣基宽35米、厚4米，可谓城垣坚固。

灵寿城充分依凭自然地形优势，城防设计科学严密，城垣修筑宽厚坚固，城市的防御能力大大提高，充分显露出久经磨炼的桓公居安思危的意识。

这是一座规划科学的都城。

《周礼·考工记》对周代的都城样式做了如下概括："匠人营国，方九里，旁三门。国中九经九纬，经涂九轨。左祖右社，面朝后市，市朝一夫。"虽然这种制度并没有被完备地固定下来或执行，但体现了理想中的都城规划样式。战国时期，列国都城一般可分为"城"和"廓"两部分，"城"指的是宫城、王城、内城，主要是宫殿或官署区；"廓"指的是外城、大城，主要是手工业区、商业区和居民区。

灵寿古城的分区也很明确，古城的北部地势较高，充分利用这一地形条件此处被设计为宫殿区，考古发现有宫殿区3号遗址。城内北部有小黄山和一条自然水沟，天然形成一道壕沟和屏障，将城的东北部和其他地方隔开，环绕3号遗址还筑有夯土墙。

与3号宫殿遗址位于同一条中轴线的南部对称位置，还有一组大型建筑遗址，地势较高，有三组坐北朝南的长方形大面积夯土建筑遗迹，按中轴线形成东西对称的布局形式，面积广大，布局整齐，对称有序，显然是经过精心规划的建筑群，"应属当时的官署类建筑"[1]。

---

[1] 河北省文物研究所：《战国中山国灵寿城——1975—1993年考古发掘报告》，文物出版社2005年版，第28页。

东城的西北部为手工业区，位于宫殿区与王陵区之间，考古发现的铜铁器作坊位于手工业作坊遗址区的中部，面积较大，分布有密集的炼炉残迹。

在手工业作坊遗址南部不远处，西城的东部中间位置有9、10号遗址，在遗址中部有一道11米宽的古道自东向西贯穿。根据遗址的位置和建筑遗迹密集程度，以及道路、遗物等情况分析，发掘者认为此处是商业活动区。

《管子·大臣篇》记载："凡仕者近宫，不仕与耕者近门，工贾管市。"官吏的居住地要靠近宫廷区，平民和农民的居住地要靠近郭门（即外门），手工业者和商人的居住地要靠近市场。灵寿城内发掘有三处较大的居住遗址，西城王陵区内有1号居住遗址、西城中部偏南有2号居住遗址、东城中部靠近手工业作坊区有6号居住遗址。

在灵寿古城西城的北部和西城垣外为中山国的两片王陵区，共有规模不等的七座王族墓葬。

灵寿城的区域分布体现出明显的规划性，可以看出较明确的宫殿区、王陵区、平民居住区、作坊区等划分，区域分布位置比较科学，有较好的规划性。

这是一座规模恢宏的王城。

在古代的都城中，王的宫殿是城市的主导和灵魂。

春秋战国时期，各国统治者的宫室多在高大的夯土台基上巍然矗立，气势雄伟、居高临下，远望开阔。宫殿建设以高大、华丽为时尚，因木作卯榫结构的迅速发展，可以逐层架筑木构架殿宇，并在建筑上饰以各种瓦饰、雕塑，绘以各种美丽的纹饰。

考古发现灵寿城的宫殿区3号遗址仅残存西北部分，面积有3万多平方米，推测大约仅占原建筑面积的三分之一。在这个区域修建宫城，应该是经过精心设计的。这片宫殿区的北部为灵寿城的北城垣，西部为小黄山，南部有一条自西北流向东南的天然河沟，将宫城与城内其他部分隔开，也相当于宫城的护城河。昔日的宫殿已荡然无存，只在那些历经了2000多年的断壁颓垣和残砖废瓦间依稀可见当年的丝丝痕迹。遗址中出土的大型板瓦长达55厘米，绳纹筒瓦通长53.5厘米，方形空心砖边长36.5厘米。遗址中部的南北向中轴线上9个坚实的圆形夯筑柱基，说明中部大型房屋有9个以上以石头为柱基的粗大柱子支撑。规格巨大的绳纹板瓦、筒瓦以及众多瓦当、空心砖，残留的大型建筑的夯土墙基和柱基，让人想见当年宫殿的宏伟。

灵寿城昔时的宫殿只留下了残破的遗迹，而在当初，王礜的屋宇一定是气势恢宏。昔日的华丽宫殿虽然已不复存在，但遗存的建筑构件仍可见证当年的辉煌。

中山国的建筑更新了人们对斗拱历史的认识。斗拱是屋顶与立柱之间的一种过渡，在柱枋与屋架之间纵横交错，既有承重功能，又促进了屋顶飞檐的美化，是中国古代建筑的标志性屋顶结构形式。正是凭借斗拱的层层叠架，中国古代建筑富有标志性的大屋顶才有巨栋凌空、檐宇雄飞的气势。但由于斗拱多为木质，容易腐朽，因此人们对战国时期斗拱的使用情况并不十分了解，一度认为斗拱的使用始于汉代。

在灵寿古城的建筑中，考古工作者发现了一些实用的陶斗，有陶平盘斗、陶交互斗和陶栌斗等，大小不一，用来代替较小的木斗。这些陶质的斗拱，比木质更能抵挡岁月的侵蚀，至今不朽，是难得的战国实用斗拱遗物。

中山国铜器纹饰中的建筑上也有栌斗的形象出现，如平山穆家庄战国早期M8101号墓出土的狩猎宴乐纹铜盖豆上的殿堂建筑的柱头上就置有一组斗拱。中山国最具有代表性的斗拱应用实例，是错金银四龙四凤铜方案座上的斗拱。该案座的底盘之上昂首挺立四条神龙，四条龙的龙头分别位于案座的四角托起一斗二升式的斗拱，斗拱托起案框，案框相当于一座四面出檐的建筑。这件文物上的斗拱是我国目前发现的仅存的战国时期斗拱应用实例，实现了实用与艺术的完美结合。

以斗拱挑起的"如翚斯飞"的屋顶，需要瓦的装饰，才能显出灵动飞扬的气势。中山国的木构瓦房屋顶建筑已经达到相当高的水平。灵寿古城出土的用于大型建筑的陶质砖瓦种类多样，已发现的瓦有板瓦、筒瓦和瓦当等，砖有条砖、方砖和空心砖等。各类建筑构件的大小规格也有多种，如瓦当的直径大到尺余、小者有数寸，反映出当时建筑规模和类型的多样性。

在灵寿古城发现的筒瓦中，带圆形瓦当筒瓦最大的长约70厘米，另一种带半瓦当筒瓦通长43.7厘米，最大的板瓦长54厘米，大型的建筑构件，反映了当时建筑规模的宏大。

中山国有一种带瓦钉的檐头筒瓦，瓦钉是立版透雕，层层排列在檐头筒瓦之上，犹如哥特式教堂尖顶棱边上镶嵌的花叶雕饰，增加了建筑物的神秘感，具有强烈的装饰效果。

山峰形瓦钉饰在战国时期建筑构件中为中山国所独有。山峰形瓦钉饰的上部呈尖起状，恰如一座山峰。其中最有特色的是双鹰头山峰形瓦钉饰，山峰尖顶的两侧各饰一只鹰头。鹰为圆眼、钩状嘴，鹰头曲颈下弯，富有力度，其瞪目勾喙的形态十分传神。（图9）

瓦当是用来保护檐头的部件，也具有装饰作用。春秋战国

图9　双鹰头山峰形瓦钉饰

通高37.2厘米，宽27.6厘米。
灵寿古城陶器作坊遗址出土。
　　瓦钉饰为泥质灰陶，顶部作山峰形，两侧各饰一只鹰头，鹰曲颈回首，富有动感，是中山国所独有的瓦钉饰形制。

时期，瓦当艺术的发展初迎繁盛，纹饰与造型完美结合。各诸侯国的瓦当风格各异、丰富多彩。中山国出土的陶质建筑构建中，瓦当非常富有特色。

　　中山国的瓦当有半瓦当和圆瓦当，以素面半瓦当居多。即使是有纹饰的瓦当，其纹饰构成也相当简洁，以大量的乳丁纹最具特色，往往在主体纹饰周围饰多而密的小型乳钉。主体纹饰有阴云纹、云带纹、云朵纹、卷云纹、鹿纹、兽纹等，另外有斜方格纹、席纹等。乳钉双鹿纹半瓦当，表面饰有相对站立的两只母鹿，双鹿均做回首状，身姿柔曲，鹿纹以外的空白处装饰乳钉纹。双夔龙纹半瓦当，瓦当上饰有两条相向的夔龙，均曲颈弓身，大口怒张，仿佛在相向咆哮，虽然线条简单，但刻画生动，极富力度感和动态感。

　　中国建筑用砖的生产可以上溯到西周早期，但在战国时期才开始普遍使用。中山国灵寿古城遗址出土的空心砖器形较大，用以铺设地面和台阶，平整美观，能够增添建筑的端庄气氛。灵寿古城还出土了几种大小、厚薄不同的实心砖，主要有方砖、长方形厚砖、长方形薄砖和长条砖四类，适用于不同建筑的需要。

中国古代建筑在选址时就注意到排水问题，重要建筑多建于地势平坦且有一定坡度处，地势本身自带排水功能，这是古代建筑排水的最基础方式。灵寿古城的选址与布局就体现了这一点，古城北高南低，北面有小黄山、南面有滹沱河，天然有利于排水。古城内的宫殿等建筑建于高处或高台上利于排水，并通过屋檐保护、铺设砖面等加强防水与排水效果。中山国也十分重视建筑自身排水管道的建设，灵寿古城夯土建筑群遗迹下面和中山桓公墓西侧都出土有用于排水的陶水管，目前发现的共有三种形式，即大型陶排水管、中型排水管及水管弯头。

四、修建长城

中山桓公的功绩不仅在于复国、营建灵寿城，他还组织营建了中山国的长城。

战国中山国自立国之始就是在列强的夹缝中开疆拓土的，并不断与周围的国家发生冲突，可谓战事连绵，中山桓公复国后，势力不断壮大，国土不断扩张，建立了较好的城市和边境防御体系，并修建了长城。

早在春秋时期，由于诸侯间争战不已，一些诸侯国为防止遭到突然袭击，开始在部分战略要地修筑长城，较早的齐长城和楚长城都修筑于这一时期。战国时期，列国间战争更加频繁，各大国为了守卫国土、加强边界的防御，纷纷修筑长城以捍卫国土。但是，修建长城是一项非常消耗人力和财力的工程，弱小的国家无力担承。当时战国七雄除韩国外均修筑过长城，而五个千乘之国中目前仅发现了中山国的长城遗迹。这一方面反映了中山国边患的严重，另一方面也显示出中山国国力的强盛。

中山国处于燕、赵等强国之间，十分重视关塞的把守。桓公复国后，与赵国处于严重对立的状态，为了防止赵国的入侵，并防御国势日强的燕国，中山国也修筑了长城。修建长城不仅需要巨大的财力和人力，还需要相对稳定和平的环境。中山国修筑长城，就是利用了赵国接连陷入内忧外患的时机。公元前375年，赵敬侯去世，其子赵成侯继位后，公子胜与之争位，发生三年内乱，直至公元前372年方才平定。公元前372—前370年，赵又与卫、魏、齐、韩等国发生战争。接着，公元前369—前365年，韩、赵趁魏国内乱而共同伐魏，又在平阳被魏国战败。其后，赵国还因意图争霸中原，卷入与齐、魏、卫等国的战争，无力顾及中山国，这为中山国修筑长城创造了机会。

　　《史记·赵世家》记载："（赵成侯）六年（前369年），中山筑长城。"可以看出，中山桓公复国十多年后积蓄了一定的实力，为了巩固边防便开始修筑长城。

　　根据目前的考古调查，中山国长城基本分布于其国土的西北部和西部，显然是为了防御来自西部和北部的赵军或燕军的进攻。在涞源、唐县、顺平、曲阳[①]和井陉、平山[②]等地都发现了中山长城遗迹。中山长城均反映出以山为险的特点，顺平和唐县交界处的中山长城均砌筑在相连的山岗上，中山长城的石家庄段基本就是沿太行山南下。

　　从目前的考察情况看，河北保定地区中山国长城的资料最为丰富。保定地区的中山长城基本上沿唐河修筑，利用河流作为天然屏障。总体上反映出"因边山险""以河为固"的特点。

[①] 李文龙：《保定境内战国中山长城调查记》，《文物春秋》2001年第1期。
[②] 萧玉、蔺玉堂：《石家庄境内发现多处古长城——最早的是战国中山国的古长城》，《光明日报》2002年8月5日。

中山长城主要由城墙、烽燧（烽火台）、关隘、屯戍点组成，以主干城墙为主体，另在一些险要的关口筑城或筑墙扼守，并在城墙的内侧修筑士兵屯戍点，共同构成一道严密的防御体系。长城的建筑则因地制宜，就地取材，墙体主要是石砌和土石混砌两种。此外，在极陡峭的山峰绝壁处，还利用天然地势，以山为墙，作为天然屏障。

中山长城的干线上，设置有烽燧，目前在顺平县、唐县、涞源县发现了七座烽燧，较大的烽火台多位于地理位置重要处，地势较高，是附近平坦之地的前沿防卫瞭望哨所。

在中山长城前沿、沿线及附近发现了许多重要关隘，目前见于资料记载的有十座城址，这些城址面积不等，较小的在4万至9万平方米之间，较大的唐县北城子遗址有120万平方米。这些城址均发现有夯土城墙，扼住山区通往平原的咽喉，地理位置重要，是边防重镇。

在中山长城内侧沿线还发现有多处兵士屯戍点的生活聚落遗址，这些遗址的面积不等，有的是长城驻防，有的是为了保卫长城附近的城邑。

中山长城修筑技术虽显粗陋，但是连点成线，军事重镇、关城和隘口有机结合，沿线的烽燧和屯戍点互为掎角，形成了较为完备的防御体系，大大加强了中山国的边境防御能力。但从另一方面讲，修建如此规模的长城也消耗了中山国大量的人力和财力，并在一定程度上阻隔了其与周边国家的经济文化交往。

五、引水围鄗

中山桓公殚精竭虑谋求复国后，中山国面临的政治环境仍旧危机四伏。因此，桓公复国之后，对现实表现出了清醒的认识。他吸取了曾失国于魏的历史教训，奋发有为，励精图治，为中山国的强盛奠定了基础。据王䉑墓出土的铁足大鼎铭文记载："昔者，吾先祖桓王，邵（昭）考成王，身勤社稷，行四方，以忧劳邦家。"可见，桓公和继任的成公对中山国苦心经营，使统治日渐稳固，军事日益强盛，王䉑对桓公、成公勤劳治国的懿风美德也十分感念。

中山复国，是又一个新的奋斗历程的开始。因为在当时的形势下，任何一个周边的国家都不愿意看到一个强大的中山国。当初中山桓公得以复国，应该是得到了赵国的暗中支持。对于赵国来说，让魏国吞掉中山国，比让中山国与之为敌更加危险。如果魏国消化完中山国，下一步可能就从井陉进入山西太原盆地赵氏的根据地。而强大的魏国如果从南北夹击赵国，那么赵国的命运将十分危险。

无论是当年的诸侯相争，还是当今的国际形势，都遵循着一个原则——"没有永远的敌人，也没有永远的朋友"。赵国和中山国这两个长期的对手，在面对更为强大的魏国时，形成了战略联盟。然而，当魏国失去控制中山的能力并将势力退回到漳水以南后，赵国和中山国的关系重又变得剑拔弩张。

中山国土位于赵国的腹心地带，一个强盛中山国的崛起对于赵国是莫大的挑战与威胁。这一时期，魏国虽然国势渐衰，但仍有相当的实力。齐国经过齐威王的改革，已经具有了与魏国争衡的实力，表现出魏、齐争霸的态势。赵国东接强齐、南邻大魏，难以向东、南两方面扩展领土，时时在背后虎视眈眈的中山国又极大牵制了赵国的北进扩张策略。而且中山国在太行山东麓一线建国，把赵国国土一分为二，阻断了赵国的南北交通。所以，对赵国来说，中山国是心腹大患，只有攻灭中山国，赵国才有可能打通北进的大道和井陉关、鸱之塞等关口，使赵国的领土南北相接。因此，中山国的存在对于赵国来说可以说是如芒在背、如鲠在喉，赵与中山有水火不容的态势，两国之间冲突不断、战事连连。

《史记·赵世家》记载："敬侯十年（前377年），与中山战于房子。十一年（前376年）伐中山，又战于中人。"房子位于今河北省高邑县城西南，是中山国南部的重要城邑，此地一带是中山国在南部边境与赵国争夺的要地。失去房子，中山国就要退守到滹沱河以北，更重要的是会失去"井陉"这一重要关隘。井陉是山西高原与华北平原之间的交通要道，西越井陉后便直通赵氏在山西高原上的统治中心——晋阳城。控制这一战略要道对于赵和中山都具有重要意义。中人城，则一直是中山国的北疆重镇。赵国进攻中人时是与燕国联合出兵的，形成对中山国的南北夹击之势，中山国在南、北两面分别同赵、燕作战，并取得了胜利。《战国策·燕策》记载："中山悉起迎燕赵，败赵氏。北战于中山，走燕军，杀其将。"说明这时的中山国虽然复国不久，但已具有相当强大的军事实力。

中山桓公去世后，其子成公继续致力于富国强兵，王䜣铁足铜鼎铭文中追称桓公、成公为王，并颂扬了他们勤于治国的业绩。在中山成公墓中，考古工作者发现了按大小依次排列的九鼎，按照周代礼制只有天子才能使用九鼎，成公以九鼎随葬，一方面说明当时"礼崩乐坏"的局面，另一方面说明中山国已敢于与各诸侯一样僭越使用九鼎。

成公在位时期，中山国与赵国之间发生了著名战例"引水围鄗"①。鄗邑②位于古槐水的北岸，处于平原地带，地当南北通衢的要道，交通便利，土地肥沃，战略位置和政治、经济地位都十分重要，自古以来是兵家必争之地。春秋战国时期鄗邑曾先后被赤狄、晋国所占有，公元前491年被齐占领，后又被中山所占。魏国失去对中山的控制后，此地又被赵国占领，成为中山和赵国边界的战略要地，处于双方势力角逐的阵地前沿。

对鄗邑的争夺，反映了当时各国之间的矛盾。赵国与齐国，因对魏国的霸业十分不满，一度联合共同对付魏国，几国之间交战频繁。公元前357年，赵国派赵孟前往齐国进行联络，次年赵成侯与齐威王在平陆相会。公元前354年，魏以大军围攻赵都邯郸，次年赵国向齐国求救。齐国想坐收渔利，迟迟不肯出兵。当魏攻下邯郸后，齐国才出兵相救。公元前353年，齐侯以田忌为将，以杰出军事家孙膑为军师，统兵救赵。魏虽攻下邯郸，但因长期战争，兵力已疲惫。齐军在孙膑的谋划下，扬言要突袭魏国都城大梁③的重要门户襄阳④，魏军慌忙回兵，齐军在桂陵⑤设下埋伏，大败魏军，这次战役中所使用的策略被后世称为"围魏救赵"。

桂陵之战后，赵国都邯郸却仍然在魏国手中，赵国的危机还是未解除。公元前350年，魏国与赵国和解，把邯郸归还给赵国，赵成侯与魏惠王在漳水相会，结盟和好。公元前342年，魏、赵又联合攻韩国，由庞涓统率魏军，韩求救于齐。齐以田忌、田婴为将，以孙膑为军师，带兵救韩，直取魏国都城大梁。

---

① 今河北省高邑县境内。
② 今河北省柏乡县北。
③ 今河南省开封市。
④ 今河南省睢县内。
⑤ 今山东省菏泽市东北。

魏以太子申为上将军、庞涓为将军，率领大军抵抗齐军。孙膑为了迷惑敌方，在攻入魏国境内后假装退兵，而且在退兵的第一天造灶10万个，第二天造灶5万个，第三天造灶3万个，以逐日减灶的方法制造齐军大量逃亡的假象，引诱魏军追击。然后在马陵①设下埋伏，大败魏军，杀庞涓，俘太子申。这种迷惑敌军的战术，后人称之为"增兵减灶"，此战被称为"马陵之战"。

在桂陵之战和马陵之战中，魏国连遭惨败，精锐尽失，元气大伤，不得已转而对邻国采取"友好"态度。于是，公元前334年，魏惠王率领韩国和一些小国到徐州朝见已经称王的齐威王，相互尊对方为王，史称"徐州相王"。

齐、魏共同称王，象征着齐、魏平分中原霸权，也让楚、赵愤懑不已，齐、魏与赵国的关系恶化。公元前333年，赵国攻打魏国的黄城，还在漳水、滏水②之间修筑长城，以防御齐、魏两国。"徐州相王"后，楚威王大为不满，"寝不寐，食不饱"，于是出兵攻打齐国想让其取消王号。赵国也助楚攻齐，在徐州大败齐军。受到攻伐的齐、魏，为了报复赵国，于公元前332年联合出兵共同伐赵，图谋报复。

赵国面对强敌，采用水攻之策，决开黄河，以水浸灌，迫使齐、魏两国联军无功而退。与此同时，赵国北面的中山国也效仿赵国的水攻策略，乘赵国与齐、魏作战之机决槐水围困鄗邑一个多月。直到齐、魏撤军，中山军队才解除了围困。这次战役虽未攻下鄗邑，但对赵国的触动非常大。

"引水围鄗"是史书记载为数不多的中山国战胜赵国的战

---

① 今河北省大名县东南。
② 今滏阳河。

例，也是中山国历史上颇为光荣的一页。

此战成为中山引以为傲的荣光，也成为赵国所念念不忘的耻辱。

赵武灵王实行胡服骑射改革的时候，王族中有不少人表示反对，赵武灵王在劝说公子成接受胡服骑射时，就表示他对被中山"引水围鄗"一事深以为恨，誓言要胡服骑射、改革强兵以报此仇。可见，"引水围鄗"对赵国造成了巨大刺激，激化了赵与中山的矛盾，成为赵武灵王实行胡服骑射改革的重要推动力，为中山灭亡埋下了隐患。

走向辉煌

一、神兽风采

错银铜双翼神兽（图10）傲然挺立，2000多年的时光静静流逝，那壮硕的神兽依然专注地回首凝望。它是中山国独一无二的错银铜双翼神兽，它高挺的长颈依旧不知疲惫地保持着昔日的雄风，它直插长空的翅膀承负着中山国飞翔的梦想，它睥睨一切的神情传达着中山永远的英雄气概。

图10 错银铜双翼神兽

通长40厘米，高24厘米。

中山王譻墓出土。

神兽怒目圆睁，长舌直伸，圆颈挺立，仿佛在昂首咆哮；其身躯壮硕，四肢弓曲，利爪怒张，两翼直指长空，矫健有力。神兽的口、眼、耳、鼻、羽毛等处均错有银线纹饰，周身错银卷云纹千变万化，背部有蜷曲于云中的错银鸟纹。

这套神兽共有四件，两两成双，雄风凛凛。这股雄风贯穿它身体两侧挺劲的双翼，也传导到紧抓地面的利爪。

因为有雄猛的实力，它傲视世间的一切；因为有飞翔的梦想，它向往广阔的天空。这带翼的神兽似乎就要腾空而去，携着王䲢的壮志与雄心。

当看到四件神兽成双成对地摆在宫阙之上，王䲢的脸上一定浮现出骄傲的微笑。

制作于王䲢十四年的这两对错银铜神兽，无论是作为镇席之器，还是作为陈设品，必然独得䲢的深深喜爱，也让他一次又一次专注地凝视。

这神兽，是那样准确地传达了王䲢的英雄气概，是那样形象地表露了中山国的称霸梦想。在看到神兽设计图的那一刹那，王䲢的眼睛一定是光芒雪亮。他决心要用这形象将中山国的慷慨雄风熔铸下来，留之后世，传之千古。

或许，他已经预见到，2000多年后这两对双翼神兽会引来参观者多少惊异而崇敬的目光；或许他没有想到，2000多年后这对神兽被当作中山国风神的代表，在四海巡展，收获着人们对中山国的敬意。

神兽似狮非狮，矫健有力，动感极强。它大口张开，獠牙外露，双眼圆突，利齿交错，长舌伸吐，显得相当凶猛。它的头部高高昂起，长颈直竖，仿佛在昂首怒吼，显示出睥睨一切的气势。神兽的颈部有密长的鬣毛，身体两侧有一双直插天宇的翅膀，让它显得威猛而又神秘。

因为太喜爱这样的造型，这样的神兽共铸了两对四件，形体及纹饰均相同，只是兽首向左或向右的扭向不同。

这神兽到底是什么动物，至今让人猜测不已，它是龙雀？

风神？飞廉？还是仅为想象中的一种造型？无论如何，比较明确的是：它是多种形象和多重意象的神秘组合。

它是兽与鸟的融合。神兽的整体造型是兽，它的头颈高昂、身体壮硕、四肢有力、利爪伸张，但是它又有一双直插天宇的翅膀。神兽的四爪紧抓地面，双翅有力地伸开，有跃跃欲飞的态势，仿佛就要腾空而起，乘风而去，直冲云霄。

它是草原与华夏风格的融合。神兽具有斯基泰—西伯利亚式艺术风格，与兽身鹰首的格里芬属类似的母题，具有草原文化豪放不羁的风格。但是它的身上又遍布粗细不同的以银片、银丝错出的卷云纹，流畅变化，雅致清新，舒卷有致，透露出华夏文化"文质彬彬"的隽永意味。

它是刚与柔的融合。神兽形态威猛，极富强健矫捷的力度美。但在神兽的背部又有以错银工艺装饰的小鸟，鸟儿神态温婉，优雅地蜷曲于云中，怡然安详，与神兽威猛的造型形成鲜明的对比，可以说是刚柔相济，体现出力与美的有机结合。

双翼神兽的现世，让中山先民的奇幻想象力与中山国凌云独霸的气势穿越千年沧桑呈现在我们面前。神兽唯我独尊的气质，正是中山国精神气质的写照；神兽睥睨一切的傲岸，正是中山国风神的表达。

这融合了多重文化意象和审美气质的神兽，俨然承载了中山国的文化密码，将中山国的气质风神表露无遗，也让人浮想中山国那风云激荡的前尘往事。而双翼神兽所反映出的交融互化的整体风格，正是中山国治政、发展之路的生动写照。

二、仿效华夏

秉承游牧遗风，中山国是个特立独行的国家。但是，这又是一个特别善于吸收借鉴以求发展的国家。白狄向太行山东麓一带迁徙的过程中，不断受到中原华夏文明的浸染。对于华夏文明，中山国表现出飞蛾投火般的热情。

天神至上，主宰人间；祖先是家族的保护神，代表着家族的血缘传统。崇天敬祖的传统，在华夏文化圈普遍流行，人们普遍深信天神和祖先能为自身提供佑护、驱灾免祸、带来福祉。游牧于草原的民族，也多"祭其先、天地、鬼神"，中山国一直信赖先祖佑护、苍天赐福。他们认为，苍茫辽阔、神秘莫测的上天充满智慧，具有无可抗拒的力量。

因此，中山国进入中原地区后，很自然地接受了周代强调的"崇天敬祖"的思想。王䂮铜方壶铭文中有"以飨上帝，以祀先王"的字句，表明对上帝和先王的崇敬与祭祀之礼。但是，游牧民族祭天多杂以牛羊，而西周则建立了一整套严格的祭天祭祖典制与礼仪。受这些制度与礼仪的影响，中山国在进行祭祀时态度也变得非常恭谨，呈现出中原地区流行的"穆穆济济，严敬不敢怠荒"之态。对中原地区以鼎、豆、壶、盘、彝等成套青铜礼器进行祭祀的仪式，中山国也进行了积极的吸收。在中山成公墓和中山王䂮墓都出土了成套的九鼎，以及羞鼎和大

图11　嵌勾连云纹铜方壶

通高45厘米，口径11.3厘米。中山王䂮墓出土。

壶身棱角周正，肩部两侧有兽面衔环铺首，壶身遍布勾连云纹图案，并镶嵌红铜、绿松石和蓝漆。云气弥漫，雍容华贵，是战国青铜器中采用多种装饰艺术的代表性作品。

量铜豆、铜簋、铜壶等青铜器（图11），以表达对上天和祖先的崇敬之情。中山国的青铜器虽然吸收了华夏地区礼制风格的规格与规范，但也保持了草原文化的生机与活力，双翼神兽就是其典型代表。在中山人的精神世界中，既有崇天敬祖的恭谨与虔诚，也沉潜了游牧文化的豪放与不羁。

在效仿中原思想和礼制之外，中山国也积极地吸收中原文化，其中比较有代表性的是对儒家学说的吸收与利用。对于儒家学说，王𫲨也是满怀景仰与尊崇的，这也是受到了先王的影响，而先王的思想则是受到了魏国的影响。中山君王不仅对儒家学说诚心笃信，而且能很好地践行。

对于先王的遗训和懿德，王𫲨将之铭刻于青铜器中。他怀念先君施行仁政、尊崇贤者的风格，在方壶铭文中追念："惟朕皇祖文武，桓祖成考……慈孝宣惠，举贤使能。"

他怀念先王爱惜百姓、勤勉治国、减轻刑罚、体恤民众的遗风，在圆壶铭文中追忆："昔者，先王慈爱百敏，笃周亡无疆，日夜不忘，大去刑罚，以忧厥民之惟不辜。"

他在大鼎铭文中倡导"作敛中则庶民附"，认为劳役税赋适中，百姓就会归附。

他在方壶铭文强调"辞礼敬则贤人至，陛爱深则贤人亲"，认为，说话谦恭得体、行事注意礼节，那么贤德的人就会来到身边；慈爱深厚，贤德的人就会亲近。

他在方壶铭文中告诫子孙"惟德附民，惟义可长"，重点强调要以德行感召民众使之依附，并以仁义施政谋求统治的长久。

常言道，过犹不及。王𫲨没有想到的是，中山国对儒学的吸收与利用固然促进了其在文化上的发展及执政水平的提高，但是也导致其自上至下务于虚名和空谈，最终导致国贫兵弱。

战国中后期群雄争霸，各国都在尽力富国强兵、图谋经济和军事上的发展壮大，中山国的国力日衰虽然有多方面的原因，但是在其发展后期对于儒学的崇尚并没有为这个一向以英勇好战而著称的国家带来强盛却是不争的事实。《太平寰宇记》卷62称："（中山王）专行仁义，贵儒学，贱壮士，不教人战，赵武灵王袭而灭之。"

崇天敬祖、崇尚儒学之外，中山国积极吸收华夏文明的另一个表现就是对华夏典籍的学习与利用，这在"三器"铭文中都有充分表现。中山王𰉉墓出土铁足铜鼎、铜方壶、铜圆壶上的三篇铭文词句典雅，屡屡引用或套用《诗经》《尚书》《礼记》《周礼》《大戴礼记》《春秋左传》《国语》等典籍中的言辞，反映出战国中山国知识分子对华夏典籍的精通。

"三器"铭文中引用《诗经》的语句最多。如大鼎铭文"克顺克卑"，取自《诗经·皇矣》"王此大邦，克顺克比"的诗句；方壶铭文"隹（惟）朕皇祖文武，桓祖成考，是有纯德遗训，以施及子孙"借用了《诗经·维天之命》"文王之德之纯。假以溢我，我其收之"之句。另外还有对诗经《访落》《閟宫》《崧高》《清人》等篇中诗句的运用或改造。

铭文内容对《礼记》《周礼》等也有多处引用，如大鼎中的"毋富而骄"，取意于《礼记·曲礼》"富贵而知好礼，则不骄不淫"；方壶铭文"夫古之圣王，务在得贤，其即得民"，取意于《周礼·天官·大宰》中的"以贤得民"。另外，铭文中还有一些引自《春秋》《国语》等，如圆壶中的"不敢宁处"，即出自《春秋·桓公十八年》"寡君畏君之威，不敢宁居，来修旧好"。

"三器"铭文的文学造诣炉火纯青，表现出中山国文化水平所达到的高度。"三器"铭文融叙事与哲理于一体，词句优美，表意畅达，重点突出，结构严谨，文情并茂，气势磅礴，文采斐然。如"奋桴振铎，辟启封疆，方数百里，列城数十，克敌大邦"，节奏分明，朗朗上口，富有韵致。铭文中修辞手法的运用已达到高妙的境界，仅就排比而言，不但有词句的排比，而且还有段的排比，例如中山方壶铭中有："辞礼敬则贤人至，宠爱深则贤人亲，作敛中则庶民附。"句式表达行云流水、铿锵有力。"三器"铭文对句式的运用也已经达到了相当高的水平，既有感叹句、疑问句、否定句，又有判断句、排比句和选择句，等等。文中还多处运用语气词、感叹词，如铁足铜鼎铭中"於乎""哉""夫"等的运用，都使得行文多变，感情浓烈，表达生动。

三、发展农耕

白狄鲜虞部是带着西北的雄风进入中原地带的，他们习惯了流动不拘的游牧生活，当到达太行山东麓，他们的眼前一片开阔，平坦的华北大平原，将迎接他们开始一种全新的生活，那"牛马杂牧"的游动生活面临新的转折。

那曾经是怎样一种豪放的生活！《说苑·辨物》中曾记载晋国赵简子与翟封荼一段关于狄部风俗的对话，其中提到其地"马生牛，牛生马"，被赵简子评断为"妖亦足以亡国矣"。从这段对话，我们也可以想象出狄部曾经在广阔的草原上放牛牧马、不羁无束而富有传奇色彩的生产生活方式。

当年，王�的先人越过莽莽太行后，面对眼前的平川沃野，一定也是满心征服后的欢愉，也满怀开拓与创造的决心。太行山东麓的这片沃土，积淀了肥厚的土壤，也沉淀了丰厚的历史。

绵亘的太行山抵挡了来自西北的风沙，使这里气候比较温润。依太行山东部一线是广袤的山麓冲积扇平原，土质匀细、富含大量矿物质，宜于耕种。唐河、祈河、潴龙河、滹沱河、洨河、冶河、泜水、槐水等众多水系向东流出太行山以后水量丰沛、水流平稳，宜于灌溉，具有发展农业生产的有利条件。

特别是滹沱河冲击扇平原，水肥土沃，是人类文明开发较早的地区，有源远流长的农业传统，早在大约一万年前，这里就升腾起华夏文明起源之光。在滹沱河畔先后发现了具有代表性的两个考古遗址——南杨庄仰韶文化遗址和台西早商文化遗址，说明这一带在长期的历史发展中积累了深厚的农业传统。

面对优越的自然条件，善于学习吸收、擅长随机应变的中山人开始了由游牧向农耕文明的华丽转身。王𰻻的先代君王，一定无数次行走在这片土地上，高度关注着农业生产的发展。对于这些，王𰻻都谨记在心并极力效仿。在铜方壶铭文中，他深情回忆先王"游夕饮食，无有遽惕"。《管子·戒》曰："先王之游也，春出原农事之不本者，谓之游；秋出补人之不足者，谓之夕。"国君春天出行考察农事的叫作游，秋天出巡补助缺粮的农户叫作夕。春天，先王踏行在广袤的田野上，察看播种的情况。梦想的种子在肥沃的原野上茂盛地生长，仿佛永远充满希望和斗志的中山人心中不断生发的豪情与力量。春种秋收，在澄黄的秋天，中山国君行走在收获的田野上，巡视又一年的丰收与喜悦。

进入农耕地带，脚踏肥沃的土地，中山国人感受到了成功转型的喜悦。当然，在这转型的过程中也有对过去生活的留恋，也有对传统游牧遗风的怀念。那具有鲜明北方游牧民族特征的络绳纹四兽耳铜瓿、络绳纹铜扁壶（图12）、提梁铜匏壶、双环耳络绳纹壶等,便是对往昔生活的一种纪念。而那时时想跃上马背在风中驰骋的冲动,更是时时提醒着他们,自己是一匹"来自北方的狼",也要在中原大地上驰骋称雄。

图 12　络绳纹铜扁壶

通高 40.8 厘米,口径 9.8 厘米。
唐县北城子战国初期墓出土。
壶身扁方,壶的盖面两侧装饰兽首衔环,壶肩两侧、腹部设有 3 组对称的提环,壶身四面饰双重绳索纹,造型及纹饰模仿游牧民族盛水盛酒的皮囊样式。

是的,中山人也有称霸的雄心。他们有丰饶的土地,有坚毅勇敢的子民。如果能很好地发展农业,生产出足够的粮食,那么中山国就有更强的力量与群雄抗衡,中山国就有更大的空间去施展自己的能力、展现自己的价值。于是,重视和发展农业,成为一代代中山王的治国策略。

受魏国的影响,中山国君有民本思想。王䜣在刻铭铜方壶铭文上表述:"夫古之圣王,务在得贤,其即得民……作敛中则庶民附。"表明中山国统治者效仿古代圣王所履行的招贤和重民的方略,重视普通劳动者,并且注意"作敛中",合理征收赋税、减轻农民负担,所以中山国的农业获得了良好的发展。《韩非子·难二》记李克治中山时,苦陉令年终上报时钱粮收入多了,却遭到了免职。李克认为:言语动听,听了让人喜欢,但不符合常理,这样的话为"窕言"。没有山林川泽等自然资源而收入多的,这种收入叫作"窕货"。君子不听窕言,不受窕货。所以免除了多收钱粮的苦陉令的职务。李克治理中山提倡对人民实行比较宽松的赋税政策，这一治理思想也对中山国的统治者产生了影响。

魏国改革者李悝"物尽地利"的思想也深深影响了中山国，其所提倡的"治田勤谨""力耕数耘""亩益三斗"等政策，对于中山国核算地方种植面积和增产潜力、增加粮食生产都有重要的促进作用。

春秋末期至战国初期到太行山东麓一带定居后，中山国的经济模式向农耕文化转变。中山国有发达的酿酒业，需要消耗大量的粮食，这也说明中山国应该有良好的农业生产基础。也正因农业生产的发达，有充足的粮食供应，中山国才能供养数量庞大的军队，国力日益强盛，成为"千乘之国"。

四、商业繁盛

在游牧与农耕的交响中，中山国人在经济发展方面实现飞跃的还有商业的兴盛。中山国的农牧业和手工业都相当发达，水陆交通也十分便利，促进了商业贸易的繁荣。

王䇽的先人选择了一片非常有利于部族、国家生存发展的土地，占据了十分有利的地理位置。中山国所居的太行山东麓地带，扼东西、南北交通要冲，同时境内河流众多，水上交通便利，这些都是发展商业的良好地理条件。当中山国"仰机利以食"的传统遇上这良好的条件，中山国发展起了发达的商业贸易。商业的发展、城邑的繁荣、度量衡和货币体系的齐备，为中山国的一时称雄提供了坚实基础。

也许有很多次，王䇽站在山峰之上，遥望太行山连绵起伏的群峰，俯瞰脚下一径微通的关隘，对先人殚精竭虑得以控制太行山中的几个重要陉口充满敬佩和感激。巍巍太行自北向南一路延伸阻隔在山西和河北之间，成为东西交通的障碍。但只是障碍，并没有完全断绝，因为在绵长的太行山脉间有多个狭窄的东西向山谷，成为沟通太行东西的要道。

井陉是连通晋、冀、鲁的要道，自井陉出太行山向南可直通赵国，并一路通往广袤的中原地带。蒲阴陉位于今河北省易县以西紫荆岭，是通往代地的军事要隘，经此要塞从中山国都灵寿城出发，可一路经曲阳、丹丘、华阳、鸱之塞，向西直达山西大同。飞狐陉处于太行山脉和恒山山脉交会处，不仅是穿越太行东西的通道，还是来往于华北平原和山西高原及蒙古草原的通路，是联系中原地区和北方草原的纽带。出这条山谷向西，可以北上内蒙古、西行晋绥；出这条山谷向东，则到达冀中平原，进而南下或北上都十分便利。控制了太行八陉中的三陉，中山国几乎可以说是控制了太行山北部的东西方交通，这为中山国贸易的发展提供了十分便利的条件。当其他国家无奈地艰难奔走于崎岖艰险的"羊肠坂道"或上党高地，中山国则可以凭借所控制的几个陉口顺利出入太行山东西两侧。

中山国境内沿太行山东麓的大道自古至今也是一条重要的商贸大道。商高祖王亥就曾沿此大道从事贸易，西周时期沿此大道自燕国经抵国、邢国可至洛邑及王都镐京。至春秋战国时期，这条贯穿河北境内的南北交通要道已经成为当时的交通干线。而且这条大道是一条盛产古都的大道，中山国的前后期都城一直分布在此条大道的沿线，后期都城灵寿古城也是当时的重要城市。王𫲗站在城北的宫殿区俯瞰这座城，胸中一定充满了骄傲。

灵寿古城西依太行，地处南北、东西的交通枢纽，人口众多，经济繁荣，是中山国最为繁荣的商业中心。战国时期，适应城市工商业发展的需要，不少城市都划出地段专门设立"市"。"市"是一个封闭的场所，四面设门，其内有交错的道路，把诸肆划为"井"字状，故又称"市井"，并设"市啬夫"对市场进行管理。根据考古发现推测，灵寿古城的西城东部为商业区，基本处于城市的中心位置。

战国时期的市场货物种类已经非常丰富，《荀子·王制》曰："北海则有走马吠犬焉，然而中国得而畜使之；南海则有羽翮、齿革、曾青、丹干焉，然而中国得而财之；东海则有紫鱼盐焉，然而中国得而衣食之；西海则有皮革、文旄焉，然而中国得而用之。"可见，来自四面八方的货物都在市场进行交易。

据学者曹迎春的推算，"中山国除灵寿都城外，境内还分布着30个左右的中小城邑"，这些城邑主要分布在太行山东麓的南北交通干道和滹沱河沿岸，交通便利，这些城邑是区域政治和经济中心，也是商业活动的中心。

五、度量体制

商品经济的发展离不开度量衡，度量衡的统一标准化是促进商品交换和流通的重要因素。春秋战国时期，各国为便于收税和进行商品贸易，对于计量衡器的制造和管理都很重视，将度量之制视为治国方略的重要内容。中山国进入中原地区后，适应统治和贸易的需要也建立了比较完整的度量衡体系。

"尺度"是衡量长度的定制，现在已被引申为看待事物的标准，可见其重要性。中山国的度制，在错金银铜版兆域图上有所反映。从兆域图上的文字可知，中山国的度制有尺和步两种。关于二者的换算关系，傅熹年先生经论证，得出中山国1步的长度在 5 尺至 3.89 尺之间，而 1 尺约合 25 厘米，但又认为这与战国时期尺长 22.7 厘米至 23.1 厘米的差距过大，需要进一步证实。①

中山国的量制，也在出土文物上有所体现。在灵寿古城手工业作坊遗址和居民遗址出土有多件实用的陶量。这些陶量经测量其容积可分为 900、1800、2250、3600 毫升四个量级，最小以 450 毫升为一个递进量级，呈按比例递进关系，其基础比例为 $\frac{1}{2} \to 1 \to 1\frac{1}{4} \to 2$。迄今所发现的陶量，比例关系尚不完整，灵寿古城的发掘者陈应祺先生认为：由于发掘范围所限，可能会有新的陶量出土，补充已发现的四个量级。

中山国的重量单位有"石"和"刀"两种。其中"石"为各国通用的重量单位，"刀"则比较特殊。目前发现的考古资料中，以"刀"为计重单位的情况，只在中山国青铜器铭文中出现过。以"刀"为计量单位，是中山国以刀为币风俗的一种延续。中山国出土的多件青铜铭文标明了其重量，如一件铜扁壶铭文标明其"重五百六十九刀"。王䜮墓的发掘者刘来成先生根据铜器计重和实际重量，推算出 1 刀平均重为 12.40 克。并指出，因制器时的用铜损耗以及青铜因使用而发生的磨损氧化出现减重等因素，一刀的重量"比 15 克左右稍轻"。②

在中山成公墓出土有一件铜权，反映了中山国衡制的情况。在我国古代，称量物品轻重的天平和杆秤通称"权衡"，后该词也引申出法度、标准、评量、比较以及细心思虑等含义，反

---

① 傅熹年：《战国中山王䜮墓出土的〈兆域图〉及其陵园规制的研究》，《考古学报》1980 年第 1 期。
② 河北省文物研究所：《䜮墓——战国中山国国王之墓》，文物出版社 1996 年版，第 540 页。

映出衡制在人们心中的重要性。中国历史博物馆藏有一件战国时的铜衡杆，正中间有提钮和穿线孔，一面显出上下贯通的十等分刻线。这种衡器既不同于天平，也不同于后来的杆秤，而与不等臂天平类似。经过演化，衡杆的重臂缩短，力臂加长，魏晋南北朝时期杆秤得到广泛应用。与铜衡杆相配合使用的是铜权，即秤锤，相当于现代的秤砣。中山成公墓出土的器物中有一件实用铜权，说明当时已用衡杆称重。

六、中山货币

货币的大量出现是商品经济繁荣的重要表现，春秋战国时期，随着商品经济的发展，对货币的需求也大为增加，加上金属铸造技术的日渐成熟，金属货币的发展达到了前所未有的高峰。战国中期以后，商品交换大为增多，各国之间贸易频繁，货币经济高度繁荣。这一时期因诸侯国各自为政，均自行铸造货币，形成了各自的货币体系，因此货币种类繁多，并可相互流通，形成了多币制和多币型长期共存的局面。从形状和分布上看，战国时期的货币主要有布币、刀币、圆钱和蚁鼻钱。

战国中山国，也形成了自身独特的货币体系。从中山遗址出土的货币来看，中山国的贸易流通中货币形式多样，从目前考古发掘的情况来看，既有本国货币，也有其他国家的货币。其货币主要有贝币、刀币等，多种多样的货币形式，反映了中山国的货币发展、流通和铸造情况。

（一）贝币

中山国出土的贝币，有磨背海贝、石贝、骨贝、银贝、金贝等。

海贝是中国最早的货币形式，最早出现于原始社会，是夏、商、周时期的主要货币。海币玲珑美观,易于保藏,是天然独立的计量单位,既易于计数,又便于携带,成为首选货币。

贝币的广泛应用始于夏代,商代、西周时期贝币更加盛行,成为当时流通全国的主导性货币。最初的贝币使用的是天然贝壳,商朝中晚期至西周由于贸易往来增多,贝币的需求量增加,除天然贝币外还出现了石贝、骨贝、陶贝和铜贝等。春秋战国时期,随着青铜铸造技术的快速发展,青铜货币脱颖而出,贝币逐渐衰退。

中山国出土的海贝、石贝或骨贝,多发现于春秋中期的鲜虞贵族墓葬中,为随葬用品,数量由几十枚至百余枚不等。四枚珍贵的金贝发现于灵寿县西岔头中山国贵族墓葬,金贝形体小巧,每枚重约3.14克。中山国的五枚银贝分别出土于王䰸墓的椁室和北盗洞,完整者重10.6—11克。发掘者认为,"此种银贝应是中山国的一种货币。但因它出土于椁室或同其他棺饰一起被移入盗洞中,所以不能不考虑它与棺饰的关系";并进而根据《礼记·丧大记》"棺饰有'齐,五彩、五贝'"的有关记载,推断此银贝"恐为棺上饰"。[①]因此,金贝、银贝比较贵重,可能并不用于流通,而是作为赏赐或装饰用品,以彰显身份地位。

(二)刀币

铸币!铸币!中山国一定要有属于自己的货币。这是王䰸的一个宏愿。

中山国市场流通的一度多是他国货币。因与相毗邻的晋、赵、燕、齐等的商品经济往来比较多,这些国家的货币通过商

[①] 河北省文物研究所:《䰸墓——战国中山国国王之墓》,文物出版社1996年版,第154页。

业关系流通到了中山国。

出土于灵寿城春秋晚期鲜虞遗址或贵族墓的空首布，与山西省侯马晋国都城的铸铜器遗址发掘出土的空首尖足布、空首尖足布范的形制相同，显然来自晋国。匽刀币俗称燕明刀，是燕国晚期最重要的货币，表面有"匽"字。中山与燕国地域相邻，中山人自迁徙到太行山东麓以后，在很长的时间内与燕国保持了比较和睦的关系，不像和赵国那样对抗，所以双方的经济贸易往来比较多，中山国出土的他国货币以匽刀币为最多。因为和赵国毗邻，中山国也出土了赵国的平首布和直刀币，以甘丹刀币最多，也有白化刀币。

战国时期，仿铸他国货币的现象相当普遍，燕下都出土文物表明燕国也曾仿铸赵国的货币，韩国也有仿铸楚国和赵国货币的情况存在。这种仿铸现象是各国经济交往频繁和贸易增多的表现，也体现出各国货币文化的相互影响。因为中山国主要流通的是燕、赵两国的货币，因此多仿铸燕、赵货币。仿铸货币既有官方行为，也有民间行为。中山国在仿铸其他国家货币时，也加入了自身特征。如赵国的蔺布币为方肩、方足、桥形裆式，而中山国仿铸的蔺布币是圆首、圆肩、圆足、弧裆。

但是，王䁖特别渴望拥有自行铸造的本国货币。能够铸造货币是大国身份的标志，有本国的铸币才能将国家的经济命脉牢牢掌握在自己的手中。

虽然铸币需要大量的铜原料和比较严格的青铜铸造工艺，但是从目前的考古发现来看，王䁖努力实现了铸币的愿望。铸币，成为王䁖治政的重要功绩之一。

春秋中期到战国早期，鲜虞中山遗址、墓葬中出土最多的货币是铜尖首刀。刀币一般被认为是模仿渔猎用的刀削类工具的形制而来，最初主要流通在东方的齐国、北方的燕国，后使用范围扩展到赵、中山等国。中山国后期铸造的本国货币是成白刀币，其形状与赵国货币最接近。

成白刀币的形制为钝首，刀身弧度趋于平直，刃微凹，背面稍凸。成白刀币一般"净重为14.5—15.3克，以15克者为多"①。成白刀币的合金成分中，平均含铜79.27%、含铅9.92%、含锡8.38%。②与柏人、甘丹等刀币相比，其含铜量高出近一倍，而含铅量则低很多，反映出中山国的合金技术水平以及严格的手工业铸造规范。成白刀币，因为其形状类似于赵国铸造的柏人、甘丹刀币，所以在很长的历史时间内多被认作赵国货币，中山国遗址的考古发现大规模进行后，才被确认为中山国的货币。成白刀币在中山国都灵寿城以外的地区少有发现，说明成白刀币流通的地域范围不如燕、赵货币广泛。

高英民认为，"'成白'二字系铸造地名，其地望文献无考"③。陈应祺认为，"成白"应为"成帛"，面文"其意可能是以此货币可以转换成帛，表示了货币的职能"④。"因为在古代的实物交换中，帛曾经作为不同实物交换时的一个转换的标准。"⑤比较规范的成白面文中的"帛"字，也与兆域图中（执帛宫）中的"帛"字书写相近。

考古工作者在对灵寿古城铸铜遗址进行考古试掘时，发现了成白刀币的铸造遗迹，出土了一批已经使用过的成白刀币陶范。

---

① 河北省文物研究所：《战国中山国灵寿城——1975—1993年考古发掘报告》，文物出版社2005年版，第113页。
② 周卫荣：《中国古代钱币合金成分研究》，中华书局2004年版，第224页。
③ 高英民：《中山国自铸造货币初探》，《河北学刊》1985年第2期。
④ 陈应祺：《战国中山"成帛"刀币考》，《中国钱币论文集》第1辑。
⑤ 陈应祺：《中山国灵寿城址出土货币研究》，《钱币学论坛》1995年第2期。

1983年春天，平山县三汲乡上三级村的村民在深翻耕地时，在距地表一米左右处挖出一块石质刀币范，已经残缺，残长20厘米、厚2厘米、中部残宽3.8厘米。石范用质地较软的青石磨刻而成，可以辨出是一件两枚刀币的单面范，范面尚保留一枚完整的成白刀币模。范的中部刻有清晰的"成白"二字。这件币范与灵寿古城东城南窖藏所出土的成白刀币形状完全相同。可见，这种类型的成白刀币是由与这件币范相同或相类的范模铸造出来的。

中山国虽然铸造本国货币，但是时间不长、数量不多。1980年，当地群众在灵寿城5号铜铁器作坊遗址西南部起土修渠时曾发现成白刀币1501枚。这些刀币出土时在窖内叠放整齐、捆扎有序，以每捆50枚者居多。这些成白刀币刀面比较粗糙，均系未使用过的新币，有的仍旧保留着铸造时留下的毛边。这些崭新的货币，是不是未及使用便在中山国灭亡时被深藏？

王礐刚刚建立了本国的货币体系，有些新铸造的货币尚未投入使用，中山国便开始走向衰落和败亡！

随着国势日颓，中山国的国家治理能力渐趋衰弱。因受到赵国的不断进攻，在外患严重的情况下，几代中山王在发展农业、手工业、商业等方面的诸多努力，也都付诸东流。王礐在国家治理方面未展的宏图，也被永久地深深沉埋。

第六章 争雄制衡

一、案里乾坤

夜已深，酒尚酣！

陪伴王䰽在暗夜间盘桓心事、思谋天下大局的是那张新铸就的错金银四龙四凤铜方案座。（图13）

图13　四龙四凤铜方案座

通高36.2厘米，上框边长47.5厘米。

中山王䰽墓出土。

方案的底盘为圆形，由两雄两雌的四只梅花鹿承托。底盘之上昂首挺立四条双翼双尾的神龙，龙的双尾向两侧环绕，反钩住头上的双角；双翼在中央聚合成半球形，龙尾连接处探出四只引颈长鸣的展翅凤鸟。整体造型动静结合，疏密得当，龙飞凤舞，新颖奇特，方案上的错金银纹饰精巧繁密，流畅斑斓。

这件方案是王礐有生以来最为满意的一件青铜作品，它的设计与制造也凝结了王礐的无限思虑，表达了王礐的心头愿望。

案是春秋战国时期流行的一种家具，这件四龙四凤铜方案高36.2厘米、长47.5厘米、宽47厘米。方案座的造型新奇而独特，结构繁复而巧妙，纹饰华美而精湛，表现出极其高超的制造技术。方案座的设计充分体现了中山国在群雄间争雄、制衡的生存哲学。承托方案座的是两雄两雌四只梅花鹿，四只以金丝银片装饰的小鹿神态温驯，四肢蜷曲，昂首卧伏。在战国乱世，温顺者的命运就是被人压制和霸凌。这也是中山国以血泪历史得出的教训。在强者面前，绝不能软弱与屈服，否则就只能被牢牢地压在下面，忍受压制、承负沉重。

由小鹿承托的环形底盘上面，是四条昂首挺胸的神龙，龙的头颈分别伸向四方，龙身上饰有金丝和银片构成的鳞片纹，龙翼饰有长羽状纹，尾部有蟒皮纹。龙的双尾向两侧环绕，反钩住头上的双角，龙的双翅聚于中央部位形成半球形。龙是力量与威力的象征，四条独首双身的神龙，相互环绕，如同战国时期交相盘错的诸侯列强。

在每两只龙尾的纠结处形成一个圆环，从圆环的中间有一只凤引颈而出，凤的头上有花冠，颈部饰有花斑羽纹，翅上饰有长羽纹，尾部饰有羽状纹和卷云纹。凤鸟仪态端庄，身姿优美，跃跃欲飞。凤展开的双翅恰好搭在龙身上，龙凤相接，和谐优美。凤是优雅高贵的神鸟，也是吉美祥瑞的象征。龙与凤的组合，体现了一种更为高级的平衡与和谐。方案座的整体造型内收而外敞，龙飞凤舞，动静结合，疏密得当。四只龙头上各有一个一斗二升式斗拱，承托起用来镶嵌案面的方形案框，实现了案架从圆形底座到方形案面的完美过渡。

这件方案座的造型中，雌雄相配、方圆相谐、龙凤相依、动静相宜，表现出一种综合性的平衡观，也是中山国在群雄间纵横捭阖的一种体现，表现出王𫲨在对外政策与对内治理上对平衡的追求。

在呕心沥血的治政过程中，王𫲨深刻地体会到这种对平衡的追求，是中山国在多年血雨腥风的生存斗争中积淀下来的宝贵经验。因为中山国的发展过程中，与其他诸侯国之间的摩擦从未终止。中山国虽小，"为国历二百余年，晋屡伐而不服，魏灭之而复兴，厥后七雄并驱，五国相王，兵力抗燕、赵而胜之，可谓能用兵矣"①。中山国就像万丈钢丝上进行平衡表演的演员，尽管一路险象环生、惊心动魄，但还是顽强地生存了下来，并不断发展壮大。回顾先辈的来时历程，回味与诸大国的争衡历程，王𫲨感慨良多！

二、齐可倚欤

战国时期的中山国"控太行之险，绝河北之要"，但其周边还有燕、赵、齐国环围，特殊的地理位置使它与周边国家的关系出现错综复杂的局面。

在与周边诸国的关系方面，中山国与齐国的关系最为微妙。从根本上讲，齐国对中山国是戒备与痛恨的，这个富有游牧遗风的小国，具有不拘无羁的风格，偏偏又有强大的战斗力，早在春秋时期狄部的狂飙猛进就让有意称霸的齐国如鲠在喉，但又无可奈何。

既然无法咬动刺猬一般的中山国，齐国便对其既扶持又利

---

① 王先谦撰，吕苏生补释：《鲜虞中山国国事表疆域图说补释》，上海古籍出版社1993年版，第7页。

用，根本目的是借锋芒毕露、骁勇善战的中山国压制周边的其他国家。而中山国也正是利用齐国一则想称霸、一则惧失霸的心理，左右逢源，借助齐国之势，不断寻求发展壮大。在这一点上，中山国的统治者表现出杰出的政治平衡智慧。

齐国的始受封者是周初的姜太公。据《史记》记载，姜太公赴齐国国都营丘后，"修政，因其俗，简其礼，通商工之业，便鱼盐之利，而人民多归齐，齐为大国"。在姜太公及其后人的治理下，齐国成为春秋时期的东方大国，经济富庶。

公元前685年齐桓公继位后，任用管仲为相，进行军事、内政、生产等方面的改革，国势强盛。公元前651年，齐桓公在葵丘①大会诸侯，订立盟约，周天子派代表参加，正式承认了齐桓公在中原的霸主地位。齐国成为中原第一个霸主，"九合诸侯，一匡天下"。顺应当时的政治形势，齐桓公首先打出具有号召力的"尊王攘夷"旗号，并击退戎狄的进攻，其中最为典型的是对邢、卫两国的救助。

西周时期的邢国在今河北省邢台市一带，邻近北方戎狄部落频繁活动的地区。邢国是具有征伐权的姬姓诸侯国，肩负着阻止戎狄人东出太行、保卫周疆的重任。邢国自立国之后，就与河北、山西中部的戎狄长期征战，历史上多次率领诸侯抗击戎狄，"邢侯搏戎"载于史册。春秋时期，狄人的势力越来越强，多次伐邢，最终导致邢国几近灭亡。齐桓公率领齐国、曹国、宋国等诸侯国的联军救援邢国，将邢国国都迁至夷仪，并与之结为盟国。对于同被北狄攻击的卫国，齐国也出手相援，将卫国迁于现在的河南滑县一带。齐国这样做，一方面是为了

---

① 今河南省考城镇。

利用邢、卫继续与戎狄对抗，另一方面则是为了在华夏诸国中树立齐国霸主的威望。

战国时期齐国的势力渐衰，于是采取了利用白狄建立的中山国压制赵、燕的策略。在中山与燕、赵的斗争中，齐国常站在中山国一边，意图利用它来牵制燕、赵二国。而中山也正可"负齐之强"，保证自己在大国夹缝中的生存和发展。中山国能够在太行山东麓立足、发展，很大程度上依赖于其在各大国之间出色的平衡能力。在长期发展的过程中，齐国对中山的扶持起了很大的作用。中山国之所以能够在公元前380年复国，也与齐国的支持或默许有关。

齐国的西部边境和中山国的东部边境，均与赵国边境错综纠结。中山恃齐，也可以在一定程度上缓解来自赵国的压力。但"五国相王"过程中，中山为了称王不惜蒙骗和背叛齐国，从而得罪了齐国。从此，齐国不再是中山国的支持力量，赵伐中山时齐国甚至助赵，从而使中山国四面受敌，终至灭亡。

三、魏亦仇乎

魏与中山，相仇相杀，其间又有多少相融相吸！

单纯从领土的角度看，魏与中山并不直接接壤。但是，因为"三家分晋"初期复杂的地缘格局，以及中山国特殊的地理和政治位置，魏灭中山却成为战国历史上一次非常著名的占领。

公元前453年，魏、韩、赵联手消灭了当时晋国卿族中势力最大的智氏。曾经骄傲自负、强横凌人的智伯被杀。随即，魏、韩、赵三家实际上成为晋国的主宰势力。"三家分晋"初期，由于历史原因，魏、韩、赵三家的势力范围犬牙交错、相互渗透，三国间都有位于其他两国的"飞地"。

三家分晋后，魏国的势力最为强大，成为战国初期的一时霸主。公元前408年，魏文侯完全夺取秦国的河西之地，从而将河东、河西尽控于掌握之中。这时的魏国，因在今山西境内有大片土地，迫切想控制一条穿越太行山脉的通道。但轵关陉掌握在韩国人手中，羊肠坂道（壶关）和滏口陉在赵国人的控制之下，而中山国则控制了井陉关。鉴于韩、赵比较强大，魏国将进攻的目标转向了中山国。

魏国如果能占领中山国、控制井陉，就可以西进太原盆地，进而包抄邢台地区，那么就可以对赵国国都邯郸形成南北夹击的态势。

而在这一时期，中山国在晋国陷入分裂后，获得了良好的发展时机，因此有意向南部平原地区扩张。这种扩张的态势让魏、赵都感到了威胁。于是公元前406年魏国派乐羊为将，进攻中山。自公元前408—前406年，经过三年艰苦的战争，中山国被魏国所灭，成为魏国的附庸。

魏国治理中山国，其重礼、重教、重文的崇儒重礼风尚和礼乐仁义思想传入了中山国，同时李克对农业的重视与管理方略也促进了中山国生产的发展，加速了白狄与华夏文化的融合。被魏国占领后，中山国"尚不绝祀"。这个一向倔强而强韧的国家绝不甘心屈从于魏国的统治，一直在暗中积蓄力量，默默地等待复国的机会。此时，魏国是中山的大敌，而赵国则向中山伸出了援手。

对于赵国来说，魏国占领中山国，也是一种危险。因为魏国控制中山后，下一步的图谋就是包抄赵国。于是，赵国暗中支持中山国绝地反击，进行复国。

但是，赵国支持中山复国，也并不是一步高明的棋，因为毕竟中山国与赵国为邻并拦腰斩断了赵国的南北领土，与这样的一个勇猛而韧性强大的国家相邻，无异于与虎伴眠。因此，中山摆脱魏国的控制后，成为赵国的心腹至痛。两国的相互仇恨与厮杀十分强烈。

四、楚曾伐否

楚国与中山国相距遥遥，本不会有故事发生。而根据古籍的记载，这两个南北相望的国家之间，又的确有一些故事发生。尽管这故事的真貌显得扑朔迷离、波谲云诡，学者们对其真伪也莫衷一是。

《战国策·中山策》之《中山君飨都士》篇载，一次中山国君大宴宾客，大夫司马子期也被邀参加。但是很不凑巧，美味的羊肉羹分到司马子期那里的时候恰好没了。这在我们看来，是一件不足挂齿的小事，在物质生活相对富裕的今天，有肉吃对于普通人来说都是一件十分平常的事情。但是，在古代漫长的历史时期，由于生产条件有限，肉食供应量少，吃肉是一件相当奢侈的事情。尤其是在周代，按照礼制普通百姓是不允许吃肉的。在当时，食肉在某种意义上可以说是一种礼，被君主赏赐肉食则更是一种高级礼遇，往往是身份的象征。司马子期没有被赏赐羊羹，说明没有受到中山王的尊重，这让他十分恼火，感觉自己受到了侮辱。于是，司马子期愤而出走楚国，并说服楚王消灭中山流亡政权。而当中山君仓惶逃亡时，却一直有两个人执戈相随，原来，这两个人的父亲曾经在快饿死的时候得到过中山君赏赐的饭食，所以遵照父亲的嘱托冒死相随，保护中山君。中山君因一杯羊羹而遭司马子期怀恨，却又因赏赐饭食得到两个壮士的忠心。看来，即便是君王也要时时保持一份善待下属、广泛施恩的心。

关于司马子期在中山及楚伐中山的时间，虽未载明，但可以根据司马子期这一人物的活动时间进行推断。对照《左传》和《史记》所载，子期任楚司马的时间应为公元前506年。这一年，楚国在吴楚柏举①大战中惨败，楚国原来的司马子常（又名囊瓦）逃往郑国。次年，《左传》即有"秋七月，子期、子蒲灭唐"的记载。至公元前479年，子期与楚令尹子西一起被白公胜所杀。前后算来，司马子期任楚国司马时间最长27年。

公元前492年，史书中仍有"齐、卫围戚，救援于中山"的记载。那么，中山灭国之年，应在公元前492年至子期被杀的公元前479年这13年间，最有可能的是亡于公元前489年。公元前490年夏，晋赵鞅率师伐卫，第二年（即前489年）春，赵鞅又率师征伐鲜虞国。此役之后，鲜虞中山在史籍中销声匿迹，应是被消灭而致流亡。

中山国流亡政权，实力大不如前，表面上看是因为羊肉羹分配不遍而亡国，实际则是诸国争霸的结果。楚国历经楚昭王的革新图治，在吴楚大战时损伤的元气得到恢复，实力大增。公元前489年，楚惠王初立，力图有所作为。而此时的齐国，实力已大不如前，再无力争霸中原。此时能与楚一争高下的只有晋国。如果苟延残喘的中山国受到晋的支持复国，从而与之结盟，那么势必对楚国争霸中原十分不利。故而，楚灭中山也有一定的道理。

这段关于楚国与中山国的往事，在历史的长河里若隐若现，已难觅真踪。但其中传达出来的意味颇为深长。那就是，在当

---

① 今湖北省麻城市境内，一说湖北省汉川市北。

时中山国曾是多个大国的眼中之刺。秦国在白狄还处于陕北高原时就与之摩擦不断，齐对中山有拉有打但终是一颗防范和利用的心，燕与中山边境接壤多次交战，魏曾攻灭中山，赵与中山更是世仇不解。只有楚国与中山距离远，也没有领土上的纠纷，却因司马子期一杯未得的羊羹而消灭中山。而中山国，也正是在这列强环伺中顽强地立国生存，尽管历尽劫波，但中山在生存抗争中留下的一股英雄气却绵延千年，让人慨叹。河北大地的慷慨风骨中，也有几多中山遗风。

五、燕可攻也

根据四龙四凤铜方案座上的铭文记载，这件案座铸造于王䰹十四年，所用的青铜可能掠自燕国。

据同年铸造的铜方壶铭文记载，此壶系中山伐燕胜利后，"择燕吉金，铸为彝壶"，铁足铜鼎和㚔蚉铜圆壶（图14）铭文也都对中山伐燕做了大篇幅的记述。

图14　㚔蚉铜圆壶

通高44.9厘米，腹径31.2厘米，重13.65千克。

中山王䰹墓出土。

酒器和礼器。壶的肩部两侧各有一个兽面衔环，腹部有两道凸弦纹。该壶出土时，壶内盛满清水。壶腹上刻有铭文182字，是㚔蚉为父王䰹写的一篇悼词。

将敌国的青铜器熔化而铸为新的器具，王䥽的心中在那一刻是否涌起胜利者的骄傲与自足。

燕国与中山国，其实也是一对老冤家。

燕国从西周诞生之初就已经存在，前后延续达800多年。燕国的第一位封君是大名鼎鼎的召公奭，在西周初期地位仅次于周公。周武王把召公封到燕国，就是要其抵御鬼方的侵犯。燕国最初受封的地方就是现北京城西南方向的房山区，最初的都城建于琉璃河一带，称为"中都"。在消灭了由戎狄建立的蓟国之后，燕国将都城迁到蓟，称之为"上都"。后来，为了保证北易水地区以及蒲阴陉的安全，燕国将易水之阳的武阳邑①定为"下都"。

几百年间，燕国兢兢业业地守护周朝的北疆。但因偏处北方，燕国的国力一直较弱。而在南部与燕国相邻的，偏是时刻伺机而动的中山国。对于燕国来说，南部边境相当脆弱，因为这里是一望无际的华北平原，所以依凭的只有河流，北、南易水地区是中山国与燕国博弈的前沿。北易水地区之所以重要，是因为它的得失关系到对蒲阴陉的控制权，中山国曾经多次扩张至北易水地区。在南易水沿岸，燕国则修筑了长城，被称为"易水长城"。

但是，长城也没有阻挡住中山国的进攻。公元前314年，燕国发生"子之之乱"，齐宣王以平乱为名，派大军攻入燕国，"毁其宗庙，迁其重器"。中山国也趁机攻打燕国，还掠夺了大量青铜器。

中山伐燕之所以获得胜利，一方面是因为燕国内乱、齐国

---

① 现河北省易县南。

攻入；另一方面因为当时赵国正忙于和秦国的战争，无暇他顾。公元前318年，魏、赵、韩、燕、楚五国攻秦；公元前317年，韩、赵、魏三国攻秦，在修鱼[①]遭败；公元前316年，秦国攻取赵国的中都[②]、西阳[③]；公元前315年，秦攻赵，败赵将军赵英；公元前313年，秦攻占赵国的蔺地[④]，俘获赵国将军赵庄。[⑤]赵国连年与秦国作战，需与中山国保持相对稳定的关系，中山国没有南部边防之忧，才能大举进兵燕国。

齐伐燕后，无意退兵，引起了以赵为首的其他诸侯国的不满，共谋伐齐救燕，燕人也奋起反抗，齐国在各国军事压力下不得已把军队撤出。赵武灵王迎立在韩国做人质的燕国公子职，护送其回国即位，是为燕昭王。此时，因伐燕取得大片土地和财物的中山国，马上转变立场，与赵国共同护送公子职回燕。但是，即便如此，中山国因参与伐燕，占领燕国的大片土地，还是与燕国结下仇怨。中山伐燕虽获利颇丰，却因背信弃义不容于列国，并与燕国结下世仇。

在中山国与燕国的这场博弈中，赵国有可能是间接的操纵者，中山攻燕不排除有赵国暗中支持，而燕昭王又是赵武灵王迎立的。而赵武灵王进行这些操作的最终目的，当然是从这两个对手的相争中得利。

伐燕胜利后，中山国的国势达到了顶峰，"错处六国之间，纵横捭阖，交相控引，争衡天下"[⑥]，这时中山国的疆域达到了

---

① 今河南省原阳县西南。
② 今山西省平遥县境西南。
③ 今山西省中阳县西。
④ 今山西省吕梁市离石区境内。
⑤ 事见《史记·赵世家》《史记·秦本纪》《史记·六国年表》。
⑥ 王先谦撰，吕苏生补释：《鲜虞中山国事表·疆域图说·序言》，上海古籍出版社1993年版。

最大。综合史书文献的记载，中山国最强盛时南部与赵国相接的鄡邑在今高邑县东、房子在今临城县东北，中山与赵的东南界在宁晋县东南的薄洛水（即古漳水）。中山国的西部疆界，基本上在太行山一线，大致北起鸱之塞所在的唐县西北，南至井陉；中山国的东北与燕国相邻，两国原来可能以燕南长城为界，中山伐燕后向北推移。中山国的东部边界，记载不甚明确，见于史乘的最东南的城邑是扶柳，在今河北省衡水市冀州区以西，东界中段见于记载的只有苦陉，在今河北省无极县一带。综上所述，中山国的疆域南北约600里、东西约450里，基本吻合"方五百里"[①]之说，"在诸小国[②]中算是实力最强者"[③]。

六、赵必相杀

在风起云涌、剑拔弩张的战国时代，赵国与中山国的关系错综复杂，既有旷日持久、异常惨烈的战争，也有和平时期的互通有无和使节往来，两国在战争中互有胜负。

春秋时期，晋国就注重开疆拓土，不断对周边国家特别是戎狄进行征伐。"三家分晋"后，赵国一定程度上继承并发展了晋国的对狄政策，坚持北进战略。赵国的奠基人和实际开创者赵简子，在"三家分晋"之前就已把发展重点放在晋国的北部地区，因而不断对狄部进行讨伐。

"三家分晋"前后，赵国也曾有过向南发展的企图。公元

[①]《战国策·秦策三》："昔者，中山之地，方五百里，赵独擅之。"
[②] 秦、楚、齐、燕、赵、魏、韩及越国等8个较大的国家之外的其他国家。见沈长云、杨善群著《战国史与战国文明》，上海科学技术文献出版社2007年版，第18页。
[③] 沈长云、杨善群：《战国史与战国文明》，上海科学技术文献出版社2007年版，第18页。

前497年，智氏、赵、魏、韩四家联手消灭范氏、中行氏之后，赵国瓜分到漳水之南一片原属范氏的土地。公元前425年，赵国将都城由太原盆地的"晋阳"迁到今河南省鹤壁市西面的中牟。赵国南扩的策略，受到魏国的抵制。最终，赵国于公元前386年迁都于邯郸。

耐人寻味的是，就在赵国迁都邯郸后不久，中山国于公元前380年前后复国了。魏占中山，对于赵国人来说终归是一件耿耿于怀的事，这等于在赵国的腹心之处插上了一把钢刀。因此，这一时期赵国对中山是暗中扶持的。特别是赵国将都城由中牟迁至邯郸后，绝对不想处于魏国的两面夹击中。如果赵国在邯郸不能站稳脚跟，那很可能面临退守晋阳的命运，这对于有心称霸中原的赵国人来说是不可接受的。于是，赵国和中山国这对冤家，在面对更为强大的敌人魏国时，暂时形成了战略联盟。

中山复国后，赵国和中山国两个宿敌的关系又迅速恢复到了原点。因为地缘政治的关系，在赵国腹心地带建国的中山国，不可能与赵国保持相睦的关系。对于赵国来说，在暗中支持中山国反叛魏国并使之成功复国之后，却发现中山根本不是任人摆布的绵羊，这个在长期动荡与征战中成长起来的国家终归是一匹来自北方的狼。

支持中山复国，又发现无力控制中山，赵国只好眼睁睁忍受自己的国土被中山国拦腰阻隔。赵国领土南北跨越很大，虽建都于中原地区的邯郸，但是其统治的根基却在山西太原盆地一带。对于赵国人来说，沿太行山东麓的山前大道一路向北是最为便捷的一条交通通道，但是这里却为中山国所控制。而且中山国还控制了这一段东西出入太行山的险关要隘——井陉和飞狐陉。赵国领土北部的太原盆地、忻定盆地、大同盆地难以与河北平原上的领土连为一体。赵国迫切需要一条自己能够控制的交通线，以将南北国土连接起来。

当然，赵国如果从邯郸城往南，绕道上党、长治再向北，也还有两条道路可以到达晋北，但都很难通行。其中一条，是从今林州到长治穿越太行山的"羊肠坂道"，艰险异常，数百年后曹操经过此地时曾在《苦寒行》中言："北上太行山，艰哉何巍巍！羊肠坂诘屈，车轮为之摧。""羊肠坂道"之外的另一条交通线，是出滏口陉，沿清漳水干流河谷向北，在太行山主脉中穿行，然后再沿着清漳水的西源向西北，穿越长治盆地北部的山地，最终进入太原盆地北部。但这条穿行于山地之中的路线也分外崎岖难行。而且，无论是羊肠坂道，还是滏口陉，都必须通过上党高地才能进入太原盆地，因此赵国与韩国、秦国均曾长期在此博弈。由于韩国人对于上党高地的把控，以及魏国的暗中搅弄风云，赵国在上党高地没有绝对优势，因此赵国需要控制新的东西通道才能保证战略安全。赵国人急切想控制的这条通道就是井陉。

井陉正处在上党高地北缘的山地，由此径直往西恰是位于太原盆地与忻定盆地的交界处的重要城镇——晋阳，自古是兵家必争之地。数百年后，韩信为了打败赵王歇，就曾经在井陉口"背水一战"，大败赵军，创下脍炙人口的经典战例。1887年开建的"正太铁路"也是以井陉古道作为筑路基础，这条铁路后来与南北向的京汉铁路相交，两条铁路的交会点，成就了一个叫"石家庄"的村落的崛起与发展。

为了灭掉中山国，赵国付出了几代人的努力。赵襄子灭掉代国，就是一步有远谋的棋，其目的是斩除消灭中山的后顾之忧。

从地理位置来看，代国看似游离于赵—中山地缘博弈之外，但实际上却对于双方的力量博弈起着胜负其手的作用。代国统治的核心地区为蔚县盆地，是大同盆地通往太行山以东地区的门户，控制着著名的太行关隘飞狐陉。

《史记·赵世家》中记载有一个故事，赵简子希望在几个儿子中选取继承人，于是就对儿子们说"吾藏宝符于常山上，先得者赏"。儿子们于是争先恐后跑到常山上去寻宝，结果却都一无所获。最终只有庶出的赵襄子对赵简子说他找到了宝符，并说"从常山上临代，代可取也"。所谓"常山"，就是太行山东麓的古恒山，司马迁为了避汉文帝刘恒的讳，将恒山改为常山。赵简子出这个问题的真实意图是考验儿子们的政治头脑和战略眼光。赵襄子的高明之处在于，他不仅看破了这层深意，而且找到了消灭中山国的战略方向。那就是先取中山国北面的"代国"，然后再灭中山国。最终，赵襄子成为了赵氏的继承人。

在赵襄子的建议下，赵简子定下了先取代、后灭中山的战略。他与代国联姻，将自己的女儿嫁给代王为后。而赵襄子继位后，公元前475年把代王姐夫引到雁门相会，借机杀死他并占领了代地。

控制了代地，赵国就在南、北两面形成了对中山国的夹击之势。只是，中山国这块硬骨头并不好啃。为了灭掉中山，赵国人费了数代的努力，中间还有魏国抢先下手，占领中山数十年。中山摆脱魏的控制后，一向有吞并中山之志的赵国很快便发动了对中山国的进攻，但复国后的中山桓公进行了成功抵抗。为了抵御赵国的入侵，桓公还修筑了长城，以加强防备、巩固边疆。

中山成公时，中山国势更强，又倚强齐，与赵抗衡，发生了震惊赵国的"引水围鄗"事件。这次事件成为30余年后赵武灵王实行"胡服骑射"、消灭中山国的导火索。

最终，与中山决一死战并消灭中山国的，正是赵国。

中山国，正像寓言中那只被赵简子穷追不舍的狼，最终没有躲过灭亡的命运。

第七章 浩浩雄风

一、虎虎威猛

猛虎，是百兽之王，雄健壮硕、威震山林。它的双眸警觉地环伺着山林，它震撼的吼声令山川瑟瑟发抖，它无比强健的体魄呈现出征服一切的霸气。追捕猎物的时候，老虎通常会埋伏在一个地方，一旦出击就会以最快的速度捕捉到猎物，吞入自己的血盆大口。

老虎的威猛，让中山人崇敬。一代代中山人在开疆拓土的奋斗中，多么希望自己就像这猛虎，威风八面、震啸山林，征服一切弱小，成为称霸的王者。

当王䰜有机会为自己打造一套独特的屏风座，以老虎的造型为支撑成为设计的首选。那些工匠们，也一定是悟透了君主的心思。他们充分发挥自己的智慧、想象与创造，铸造出了一只千古绝伦的虎噬鹿铜屏风座。

当王䰜欣赏着在自己的时代创造出的这雄风浩荡的猛虎造型青铜器，年轻的君王的心中一定充溢着前所未有的万丈豪情。而这只猛虎，在他的端详间也显得越发虎虎生威。

错金银虎噬鹿铜屏风座（图15），一只色彩斑斓的老虎正在贪婪地捕食一只小鹿。老虎双目圆睁，两耳竖起，弓身右曲，身躯矫健，勇猛威武，硬尾似钢鞭般甩起。老虎的后肢用力蹬

图 15　错金银虎噬鹿铜屏风座

通长 51 厘米，高 21.9 厘米，重 26.6 千克。
中山王譻墓出土。
为连接两扇屏风的中间插座，造型为猛虎噬鹿。猛虎身躯矫健，硬尾长甩，弓身右曲，正贪婪地将一只小鹿吞入口中，小鹿在虎口中无力地挣扎，勾勒出一幅大自然中弱肉强食的生动画面。

地，身躯前扑，一爪腾空，正奋力将捕捉到的小鹿送入口中。柔弱的小鹿，表情惊恐，引颈蹬腿，在虎口中奋力挣扎，凄切哀鸣之状栩栩如生。

器物中，老虎的凶猛壮硕与小鹿的弱小无助形成鲜明对比，构成一幅大自然中弱肉强食的生动画面。器物通体用金片和银丝错出斑斓的卷云纹，金光灿灿、银彩熠熠，金黄银白的璀璨与青铜的光华浑然一体。

这件器物造型所表现的猛兽捕捉吞噬弱小动物的图案，是北方及欧亚草原文化带的代表性题材，更是中山国勇猛强悍风格的代表。

错金银虎噬鹿抓住虎鹿相搏时最紧张激烈的瞬间，表达出尖锐的对抗，迸发出强大的力量，鲜活地展示出战国中山国的威猛雄风。中山国长期在乱世中争雄，曾与晋国、魏国、燕国、赵国、齐国等征战、抗衡，在列强的夹缝间顽强生存，历经风雨、几度兴亡，却一次又一次奇迹般地复兴。由于长期征战，中山国的统治者深刻认识到，军事战备关乎国家的生死存亡，只有建立强大的军备体系，打造精良的武器装备，才能称雄一时。

这只猛虎可以看作当时中山国精神的生动写照，它机警，它威猛，它雄壮，它战斗，它吞噬，它胜利，宛如一路拼杀而来的中山国。而支撑起中山国强大力量与斗志的，则不仅仅是无畏的刚猛和勇武的血气，更主要的是中山国精良的车马、武器装备，这才是中山国能够称雄的硬底气和硬实力。

二、粼粼豪车

王䰖乘坐的车子行驶在国都外的道路上，这一带是太行山与华北平原的交界地带，属于丘陵地区，路有些崎岖，转弯也多，但是车子行驶得相当平稳。为了适应这样的道路，中山国的车子其实经过了精心改良。

中山国具有游牧民族传统，不仅骁勇善战，而且并不苛守礼制，长于根据自身情况对所吸收的华夏文明进行灵活革新，也根据自己国家的道路和环境情况对车辆结构进行了成功改造。

先秦时期，车厢普遍广度大于进深。《周礼·考工记·舆人》记载，车舆（即车厢）的宽长比例为3∶2，车厢呈横长形，进深较小。战国时期中原诸国的车，车厢横长，车轮较大，车辀较长，虽然在平原上奔驰起来畅通无阻，但是在丘陵、山区就显得笨重，而且容易倾覆。

中山国一向有我行我素的风格，在车的构造方面也并不完全遵从周礼，而是根据车辆的不同用途进行了灵活调整，使中山国的车与众不同。如王𰯼墓出土的1号车，长156厘米、宽168厘米，车的宽度略大于长度，但是远低于3∶2的比例尺度。王𰯼墓出土的3号车，长130厘米、宽130厘米，车厢的长度、宽度相等，车厢基本呈方形；而王𰯼墓出土的2号车，车厢长180厘米、宽170厘米，车的长度大于宽度。

另外，中山国车的轮径也比其他国家车的轮径小。中原诸国车的轮径多为120厘米左右，在其他地区出土的战国时代的车中，河南辉县琉璃阁出土的车轮径最小，但也有105厘米。中山王𰯼墓出土的四辆车中，1号车的轮径约73厘米，3号车和4号车的轮径为80厘米左右，2号车的轮径最大，但也不过83厘米，普遍比当时其他国家车的轮径小了很多。车轮改小了，中山国的车轴也相应改短，只有206厘米，比当时标准的236厘米短了20厘米。

战国中山国的车，车身长、车轮低、车轴短，这样车的重心就有所降低，车的灵便性却有所增强，便于在崎岖不平的山路上行驶，而且也不易被道路两边的障碍物所阻挡，适宜山间窄路，具有非常好的灵活性。

战国中山国的车马器具，不仅结构设计独特，而且制作工艺也十分精良。

一件件精美的车马器折射出当时中山国国力的强盛，也反映出中山国金属器加工工艺的高超。从这些器物上，后人能够明显地感受到这个一度被称为"神秘王国"的国家的焕然活力和独特创造力。

在当时，王侯贵族出行都是乘马车，高车宝马是权贵势力的象征。对于用车制度，当时有一套严格的礼制规定。《周礼·春官·巾车》中记载，王出行时乘坐的车辆有玉路车、金路车、象路车、革路车和木路车五种，五种车的车具和马的配饰、车上竖的旗子等各不相同，其中玉路车用于祭祀，金路车用于会见宾客，象路车用于上朝或赏赐异姓诸侯，革路车用于军事和赏赐守卫四方的诸侯，木路车用于田猎或赏赐九州外的藩国诸侯。国君根据出行性质的不同而使用不同的车辆，并且有相应的随从人员和相当规模的仪仗。

在𫖯墓中陪葬了豪华的"车队"，墓葬的两座车马坑中，其中2号车马坑保存较好，坑中的四辆车的车器得到了保留。四辆车南北排列，均为朱红色车轮，四辆车的前栏均呈弧曲状，车舆的形式均具有兵车的特点。

当年王𫖯乘中山国独具特色的战车，威风凛凛，指挥军队征战四方，这些随葬的车辆也陪伴他在地下继续英雄梦。

自商代到战国时期，军队作战的主要方式是车战。战国时期，兵车的数量是衡量一个国家军事力量强弱的重要标准。每辆战车配四匹马驾车，再配以数十个步兵，称为一"乘"。战国时代，战国七雄是兵车超过一万辆的国家，拥有十几万甚至上百万的兵力，被称为"万乘之国"。除了战国七雄之外，当时还有兵车数量超过一千辆的五个国家[①]，称为"千乘之国"，战国中山国即是其中之一。可见，战国中山国国土面积虽然不大，而且是在列国的夹缝中生存，但是军队的车马装备上乘，十分有战斗力。

当时每辆兵车上有三名勇猛的甲士，分别为车左、车右和车御。车御居于中间，主要负责驾车。车左又称甲首，手执弓箭，主要负责射击；车右手执戈或矛，主刺杀并负责为战车排

[①] 鲁、宋、卫、郑和中山，也有的认为是宋、卫、郑、东周和中山。

除障碍，因为车右多为勇力之士。如果乘车的有主帅，一般位于车右的位置，车右则下车步行。1号车的右侧有著名文物中山侯铜钺，这是象征王权的礼器，上有"天子建邦，中山侯羇。作兹军钺，以警厥众"的铭文。著名的木皮铁杖也位于这辆车的一侧，《毛诗·小雅·伯兮》云："伯也执殳，为王前驱。"殳是兵车上的五种长兵器之一。此车可能是"象路车"，是国王出行作战时的前导车。

3号车，车型最小，为国王的革路车，车的左侧有两件金镈铜戈，车的后栏放置四件铜铙，"以金铙止鼓"，用于指挥军队撤退。4号车也是一辆小车，并且后栏上也放置有四个铜铙，应也是革路车。

2号车是四辆车中最大的一辆，也是最为华美的金路车。《周礼·春官·巾车》云："金路，钩，樊缨九就，建大旂，以宾，同姓以封。"这种金路车，本是周天子所封的同姓诸侯会见宾客时所用的车。战国时代礼崩乐坏，各地诸侯都擅用王制，中山国虽为狄族建立的国家，也使用了金路车。

这辆车的装饰极为华丽，车的轭角饰、轭首饰、衡帽均为金质，盖斗帽及车軎均错金银，纹饰华美，工艺精细。车身外部遍涂红漆，车辖为银制，车上的伏兔盖板、三并联环等也为银质。车栏外挂有以银珠穿成的网状饰，两輢（古代车厢两旁可以倚靠的板子）的栏外挂有连弧状银珠饰。由残存的漆迹可以看出车栏为黑色，舆底由与车栏相类的方形木櫺格构成，上面有菱形网格线状的铺设痕迹，为茵（车垫子）的残迹。在车栏和栏外悬挂的银珠上发现有红漆，车舆内外留存朱红漆迹，可能是车盖或幔的残迹。

车衡上的衡帽为纯金制成，一对龙首形金衡帽分别重298.2

克和334.6克。衡帽整体为龙首状，龙首向前直伸，两角高凸，鼻端上翘，长吻微启，牙齿交错。龙的双目突出，目中有洞缺，原应嵌有宝石。龙的形象富有立体感，十分传神，铸造工艺精良。车上还有金轭首一对，分别重171克、175.5克，呈直筒状。另有金轭角一对，分别重174克、196.5克，一面呈圆弧状，顶端有三个尖齿。

车辀上有银衡轙五件，为车衡上用以穿缰绳的环鼻。银轙为拱形，轙背上用金镶出一道凸起的脊线，除中间一件较小的轙外，其余四件的两只脚均为一长一短，嵌入衡木后位于衡木两侧的两对轙形成内高外低的斜环状。车上用以贯辔的三并联环也是银质的，中间一环较大，其两侧各并联一小环。车盖顶部的盖顶饰，周边为银盘、中心为包金铜泡饰，黄白相映，光彩夺目。除纯金纯银的车器外，还有一些车器装饰错金银纹饰。如铜盖斗帽饰、错金银铜车軎，器表饰有错金银纹饰，简洁而富有装饰感，金光银彩相互辉映。

从中山国车辆的独特构造和精美的车马器具，我们可以感受到这个国家独特的创造力和战斗力。在列强争雄的战国时代，中山国凭借其英勇顽强的精神，在燕、赵等强国之间开疆拓土，在群雄之间逞一时雄风，其战斗力和创造力值得后人深思与感叹！

三、赳赳田猎

在长期的动荡生活中，中山国上自国君下至平民都保持了喜好游猎的风气，尚武尚勇、刚强豪放。战国时期，中山国周遭列强环伺，并曾亡于魏国，可谓命运多舛。中山国长时间在列强的夹缝中生存，为了保家卫国、发展图强，不得不高度重视武备，凭借崇尚勇武、英勇善战的雄风方能力克强敌，从而不断发展壮大。

王䂮秉承了前辈遗风，也热衷于出游行猎，这种游猎行为既是一种娱乐，也是一种军事训练。

他的父亲成公也喜外出行猎。中山成公墓出土有一套猎帐构件，帐篷上的一件活动窗架富有特色。窗架上部的五个方筒形銎呈五指张开状，銎的两侧附有机轴，机轴可以转动，从而使窗架可以自由开合，便于帐内通风。这是我国目前发现的最早的折叠扇式帐篷窗架。中山成公墓还出土了多件便携式用具，如为取暖或烤肉用的双提链耳三足铜盆、筛木炭和碎渣用的有柄铜箕及五齿形炭耙等，均是方便游猎时在帐内使用的器具。

中山王䂮墓遗址出土的田猎用具种类更为繁多，制作更加精美。其中，一件狩猎用帐的中心柱帽实用且富有特色。中心柱帽呈蘑菇状，其壁的周圈等距分布15个半圆环，环中各套一"凸"字形环，环上有鸭首状装饰。据记载，中山国有一种名为"晨凫"的飞禽，是一种耐寒、善于晨飞的鸭类，蘑菇形帐帽上的鸭嘴可能是根据晨凫的形象设计的。用这种柱顶帽架设帐篷十分简单，即将柱帽安装在高柱之上，用15条一端绾成环形扣的绳索套入鸭首饰吊环，然后呈辐射状拉向周围固定即可。搭帐时，可以根据人数多少的需求，调整向四周所拉设绳索的长度，从而调整帐篷面积的大小，具有鲜明的游牧民族特色。

此外，中山王䂮墓出土的铜扁壶和提链壶也具有浓郁的游牧民族风格。铜扁壶的外形，模仿游牧民族骑马所用盛水盛酒的皮囊式样；提链壶上壶肩两侧各有一条提链连接于中间的龙首璜形提手，壶盖上也有铜链套连在壶体一侧的提链上，既便于开启又可保证骑马行动时壶盖不脱离壶体。中山王䂮墓出土了两套形制相同的铜套钵，每套由五只钵严丝合缝地套合在一起，另有一只铜盆套在五层套钵上，盆的折沿恰好把套钵的口边扣在里面，合为一体，便于出行时携带。

中山王譻墓中出土了多种狩猎工具，其中出土于椁室的陶弹丸、流星石球和银球弹都是古老的狩猎工具，应该是王譻狩猎时所用。用黏土制成的陶弹丸，质地坚实，可以用弹弓发射。两件实心银球弹，是具有一定杀伤力的投掷武器，系从原始社会的石球发展而来，因银球较为贵重，推测是国王狩猎时所用。用灰地红条斑石制成的流星石球，中间贯穿系孔，穿孔上有横向磨痕，是使用时绳子在孔中转动留下的痕迹，用绳子系在穿孔上可以掷向较远的攻击目标。

猎狗更能反映中山国游牧民族的特色。战国时期已经专门培养出了善跑的良种猎狗，据韩婴《韩诗外传》记载，战国时期"北蕃中山之君，有北犬晨凫"。王譻墓杂殉坑出土的两具狗骨架，四肢向前，并排躺卧。从两具殉狗骨骸推测，两狗身长约80—90厘米，身高腿长，是优良的猎狗品种。以两狗为中山王殉葬，说明狗为国王的宠物，大概是其所钟爱的"北犬"。与狗骨架同时出土的还有两件金银狗项圈，项圈外面中间部位缀有一个铜环，用来结带。国王给爱犬佩戴金银项圈，既表现出对猎犬的无比喜爱，也证明了猎犬在当时的受宠地位。

1981年，考古工作者在平山三汲乡穆家庄村发掘的战国时期中山鲜虞贵族墓中，发现了两件饰有狩猎纹的铜器——线刻狩猎备宴纹铜鉴和凸铸狩猎宴乐纹铜盖豆[1]，两件器物上的纹饰生动再现了中山国贵族狩猎的场面。

---

[1] 陈伟：《对战国中山国两件狩猎纹铜器的再认识》，载《文物春秋》2001年第3期。

狩猎备宴纹铜鉴上的纹饰描绘了在一座大型住宅庭院外的森林中正在进行大规模的围猎活动，一名头戴伪装饰物的狩猎者正在张弓射猎野牛；另有一名猎者在树后搭弓射猎、一名猎者持箭以供前者使用。此外，还有大型车猎场景，其中一辆为周代罕见的三匹马驾的车，驭手站立在车厢中，车厢后部竖立的树枝状立杆上插有一支长戈。另一辆则为驷马车，驭手站立在车厢上，其后站着一名女子，正在张弓射猎，是中山国贵族进行狩猎活动的真实写照。

狩猎宴乐纹铜盖豆的豆盖上饰有两组相同的狩猎图，画面的猎雁图中，一人蹲卧进行弋射、一人正在张弓追射；图中有四只飞雁被射中，正拖着长缴挣扎下落。弋射是把细线系在箭上，射中的鸟兽被细线绊住在挣扎中被猎取。战国时期，有多人以弋法高超而著名，如楚国的"蒲苴子之弋也，弱弓纤缴，乘风振之，连双鸧于青云之际"[①]。中山王䚓墓椁室、北盗洞和2号车马坑矢箙中都出土了用于弋射的箭镞实物，可系线进行射猎。

铜豆的腹部有两幅相同的人兽肉搏图，每幅图中有14名猎人，其中有三人正在乔装斗兽，居于画面中间的人头戴牛头形饰正在奋力扑向一只双角长立、喙部突出、长尾直伸的怪兽。另外有两名狩猎者头戴鸟形饰、身穿羽尾裙，正手持弓箭射猎奔逃的动物。在这三人周围有野猪、野兔和小鹿正在仓惶逃窜。另外的猎人，有的手持矛、戈或刀、剑刺向野兽，有的手持棍棒击打野兽，有的徒手与野兽搏斗，有的在追逐小鹿，还有一人手持武器跃到野猪的背上竭力刺杀。在豆柄座上也有两组相

---

① 七尺曰仞，百仞为七百尺。

同的狩猎图，图中一名猎人正手持短刀追杀一只野兽，周围还有三只野兽正在惊逃。

虽然定居太行山麓，但中山人并没有忘记草原，并没有减少对在广阔天地间纵马驰骋的向往。王䰖的儿子在纪念他的悼文中，描写狩猎场景时有"惟朕先王，苗蒐田猎，于彼新土，其会如林，驭右和同，四牡汸汸，以取鲜蒦，飨祀先王"的句子。中山王在新占领的燕地进行野外狩猎，旌旗招展、鼓声震天，飘扬的旗帜如林，猎车飞速追赶着猎物从四面包围而来，受惊的猎物四散逃窜、纷纷被捕，场面宏大，展现出猎猎雄风。

四、凛凛兵器

在无数次想象中，王䰖多么想中山就是那只猛虎，而其他的国家都是被它吞入口中的小鹿。

中山国也确实在群雄间纵横捭阖，成为千乘之国，跻身战国十二雄，而这一切与中山国精良的武器装备有着密切关系。

战国时代，由于战事频繁，战争规模不断扩大，促使武器发生了显著的进步。这一时期，武器的主要种类有青铜质的戈、矛、铍、戟、钺、剑、镞、刀等。随着冶铁技术的进步，还出现了更为坚硬、锋利的铁制武器。不仅如此，具有远射能力的弩也被广泛使用，使得两军作战不再局限于面对面的车战和肉搏，可以遥相对垒、远距离交战。

灵寿古城的铜铁器作坊中，无数中山国工匠的精心熔铸、奋力锻打，为中山国制造出了精锐的兵器。

这个作坊当年一定有庞大的规模，从考古发掘遗迹看，5、6号冶铸造铜铁的作坊遗址面积相当大，有大片的冶炉遗迹和矿渣残迹，还有大量陶戈范，另外还有剑范、镞范等。

在工匠们的奋力冶炼锻打中，一件件青铜、铁质的兵器被锻造出来，成为中山国人战场厮杀时的有力武器。

王䶜喜爱兵器，他自己的墓中陪葬了多件兵器。

那件木皮铁杖显出王的威仪。木皮铁杖是中山国著名的武器，在当时是具有很大杀伤力的长击武器。《吕氏春秋·贵卒》记载：赵氏攻中山，"中山之人多力者曰吾丘鸠，衣铁甲，操铁杖以战，而所击无不碎，所冲无不陷，以车投车，以人投人也，几至将所而后死"。吾丘鸠显然是中山国著名的大力士，威风凛凛、威震敌胆。王䶜的铁杖则更显华美，这件木皮铁杖为八棱形，长约159厘米，径约2.1厘米。铁杖铁芯的外面包有木皮，木皮外密缠丝线并涂绛红色漆。杖的一端饰八棱形青铜镈，上饰错金银纹饰；另一端饰带蘑菇顶的圆柱状青铜杖帽，表面也有错金银纹饰，帽和镈上的纹饰均熠熠生辉，华美的装饰反映出国王对这件武器的喜爱。

那件铜戈也显出王的尊贵。中山王䶜墓出土的铜戈，配饰极为华美。一件铜戈配有错银铜镈，镈的上部是填以卷云纹的三角纹，中间装饰弦纹，下部装饰勾连云纹。另一对铜戈配有一对金镈（图16）。两件金镈形制相同，通长21.2厘米，重902克，均用纯金制成。镈上装饰两只龙头，龙头上下相对，龙眼均用银和蓝琉璃镶嵌。其中一条龙向下爬，一对树枝状的龙角以白银镶嵌；另一条龙向上攀，以银镶嵌双翼。两条龙的外表均有无数针刺状花纹，工艺十分精巧。这对金镈造型别致、光华灿烂，显示出国王的尊贵与权势。但贵则贵矣，王䶜把一件戈镈装饰得如此华丽，其过分追求奢华的作风，为中山国埋下了灭亡的祸因。

田营月隐，大帐中的王䶜没有入眠。

图 16　金镦

通长 21.2 厘米，长径 4.4 厘米，重 902 克。

中山王䰠墓出土。

中山王䰠铜戈所用之镦，用纯金制成，镦上装饰两条相向的龙，龙眼装饰蓝琉璃，龙翼以银镶嵌，龙身刻有细密的针刺花纹，工艺十分精巧。

王䰠行军打仗的军帐非常雄伟。从考古发现的遗物看，军帐的构件制作十分精良。主要有青铜质的帐杆接扣、椽杆帽和挂钩三种。杆接扣构件共有 20 套计 40 件，每套均由子扣和母扣配合构成，子母扣配合严密，并配有销栓，可以紧密固定，结构十分精巧。第一种接扣可以将木帐杆一根接一根地连成一个圆形底圈，用来固定篷面底部。第二种接扣可用于将木杆连接成与底圈直径相同的上圈构架。"若以 10 根连长 1.72 米帐杆构成正十边形的下圈，其圆的直径应为 5.56 米。"[①] 从车马坑内保存的灰痕推测，大帐高约 3 米，高大宽敞，气魄宏伟。军帐复原后为圆形，外形类似现在的蒙古包，帐门高约 2.8 米、宽 1.72 米。

弩机是利用机械力量发射箭镞的远射兵器，商周之前已经出现，春秋晚期用于作战，战国中期广泛使用。铜弩射程远，命中率高，杀伤力大，是当时的重要武器。中山国出土弩机的木樽已朽，骨质的箭槽已残，只有铜质的机件尚存。弩机前后两键连着钩心、双牙、悬刀和望山，悬刀上端位于牙和钩心之

[①] 河北省文物研究所：《䰠墓——战国中山国国王之墓》，文物出版社 1996 年版，第 282 页。

间，向后扳动悬刀，可使钩心带动双牙下降使弦将箭射出。

古代根据射程、速度、杀伤力及用法，将箭矢分为多种，适合战争或田猎等不同用途。中山国出土了多种样式的箭镞549件，有三棱铜镞、菱形铜镞、圆头铜镞、平头铜镞等，每种又可根据镞头或铤的长短、粗细等分出多种样式。

中山王䰜墓出土三棱铜镞共126件，有的镞头短粗，刃薄而锋利；有的镞体细长而锋利；有的镞体细小而锐利；有的后锋带有倒刺，极具杀伤力；有的圆铤较长，可以增加向前的冲击力。另外还有一种短粗型的三棱铜镞，镞的一面有一个三角形凹槽，"此类镞可能是毒箭，凹槽可敷药"[①]。

中山王䰜墓出土菱形铜镞318件，其基本形状类似，大小有差异。箭镞的断面均呈菱形，这种铜镞双翼带有伸出的后锋，射入敌人或猎物体内后，箭镞卡在肉中，较难拔出，还会给对方造成二次伤害，也增加了伤口愈合的难度。

平头铜镞头呈圆柱状，边缘光滑，前端为平头，后部有长圆铤，便于投掷，可能与投壶游戏有关，在带有娱乐性的项目中使用。

因为是王，䰜墓出土的实用武器并不多，多是象征王权的钺、戈及铁杖。而在一些中山武士墓出土的则多为实用兵器，表现出中山国普遍崇武的雄风。

铜铍，古代一种锐利的刺杀长兵器，与矛的区别主要是装柄方法不同，矛是将柄纳入矛筒中，而铍是将铍茎插入木柄中，外面用绳捆绑。出土于平山县穆家庄村战国初期墓的铜铍，铍身形似柳叶，两面有刃，中脊突起，近上端部位有一长方形小

[①] 河北省文物研究所：《䰜墓——战国中山国国王之墓》，文物出版社1996年版，第300页。

孔，便于固定在柄上。

蟠虺纠结纹铜剑，平山县访驾庄战国初期墓出土。剑身细长，剑的中脊两侧各有凹槽。剑柄中空，通体镂雕蟠虺纠结纹，剑茎两侧小孔内原嵌有绿松石。剑的质地精良，工艺细腻。

从武士墓出土的诸多做工精湛的兵器看，当年中山国应该有一大批充满勇气和豪情的威猛武士。他们追随着一代代中山王开疆拓土，拼杀战场，以热血激情书写中山传奇！

时光流逝，没有人记得他们的名字或事迹。但那铜铍、铜剑等兵器上犹在的寒光、凛然的杀气，让我们依旧能感受到其主人们的浩浩雄风。

宫廷奢华

第八章

一、独特小鼎

细孔流鼎（图17）中的蒸汽从鼎侧的小孔中慢慢地冒出，继而弥散开来，那美妙诱人的肉香四处飘荡。举杯畅饮的王䨿，心满意足地欣赏着这件带有孔流的别致小鼎，心中涌起一丝丝的喜悦与自豪，富足的齐王、威风的赵王，可惜你们还没有机会享用这富有中山特色的器物！

图17 细孔流铜鼎

通高21.6厘米，口径21厘米。中山王䨿墓出土。

鼎带盖，鼓腹平底，上腹一侧有带十个细孔的流，可在倒汤时起过滤作用，防止杂物流出，此种样式的鼎在国内属首次发现。

中山人，多么富于新奇的想象力，对中原流行的鼎做了改造，制造出了这空前绝后的细孔流鼎。

这件细孔流鼎的整体造型与战国时期的鼎大致相仿。它的体积并不大，只有21.6厘米高，腹部微微鼓起，底部平坦，有三个蹄形足。比较独特的是，在鼎腹一侧有一个突出的流口，上面有10个圆形小细孔。

中原诸国，一般只以鼎设食，除了镬鼎，均不放在火上直接烹煮食物。鼎本源于新石器时代的鬲，原是具有实用性的炊煮器具。只是在夏商周三代，鼎被赋予了神秘色彩和礼器功能。中山国则一直保持着不论是升鼎还是羞鼎，均用以烹煮食物的习俗。在那件著名的铁足铜鼎的底部就有烟烧的痕迹，其腹部有一圈烟炱，恰如坐在灶上烧后留下的痕迹。

这件铜鼎上的10个小孔，在炖肉时可以起到放汽的作用，使鼎盖不致被蒸汽顶起。肉炖好以后，也可以通过小孔倒出美味的肉汤。

在鼎的内底部有已干成结晶状的肉羹残迹，鼎的底部还有一层烟熏的黑灰，显示此鼎曾被用来炖肉汤。这种带细孔流样式的鼎在国内属首次发现，目前全国仅出土一件，为鼎中珍品。

这样的小鼎，是中山国独特的创造。

二、钟鸣鼎食

西周初期，周公制礼作乐，使礼乐制度成为维系社会秩序的基本手段之一。体系化的周礼规矩森严、等级分明。隆重的贵族礼仪活动中，要使用成套的青铜礼器，演奏钟磬之乐并列鼎设食，即所谓"钟鸣鼎食"。中山国进入中原地区后，积极对中原文化中的典章礼仪进行吸收，国王亦喜享受钟鸣鼎食的宴飨。

西周的礼乐制度体系中，以钟磬为代表的金石之乐，具有特殊的意义，是体现贵族权势和威仪的"重器"。王䰭的先人都没有得尝夙愿，现在国力强盛，中山也要制作钟磬，听奏金石之乐。

　　河北省平山县穆家庄中山国墓葬出土铜盖豆上的狩猎宴乐图，复原了中山贵族举行盛大宴会时的声乐演奏场面。画面中，兽形座支撑的横梁上悬挂有四个编钟、四个编磬，分别由大到小依次排列，有两人正在敲钟，两人正在击磬，一人在摇建鼓[①]，一人在摇鼓，另外有人在吹笙、摇排响，还有数名身穿长衣裙的乐伎正在伴舞。这一幅栩栩如生的乐舞表演图，展示了中山国上层社会宴乐的生动细节。出土铜盖豆的只是一个贵族墓，想来王礜的宴乐场景要比这个画面上所描绘的更为宏大和气派。

　　而礜墓出土的编钟和编磬，也让我们直观感受到王礜制礼作乐的努力与实践。

　　按照周礼的规定，成套的编钟和编磬是礼乐演奏中最为重要的乐器。编钟是一种成组使用的打击乐器，每组由3枚至几十枚不等。使用时悬挂在铜或木制的钟架上，大小不同的编钟按照音调高低次序排列。因大小不同，编钟被敲击时发出的音高各异，按照乐谱进行敲击，就可以演奏出美妙的音乐。

　　中山王礜墓出土的青铜编钟一套14枚，通高31.6厘米至12.2厘米，出土时按大小顺序排列，编钟两端残存有木制钟篾的痕迹，推测是墓主人生前使用的一套乐器。1987年中国艺术研究院音乐研究所对编钟的音高进行了测定，整套编钟的音域恰为三个八度，其音阶的基本形式应是以#F为宫音的七声新音阶，音质清晰、音色优美，铸造工艺精湛。这套铜编钟是中山国以浑铸法制造的青铜器中的典范。铜钟属于乐器，铸造时

[①] 战国时期广泛应用的一种鼓，鼓身长圆，鼓体较大，中间稍粗，音量宏大，多立于木座上演奏。

需要考虑音响效果。为了避免影响音质，钟体的枚不能用焊接的方式，必须把枚范和钟体的范嵌在一起一次铸就。[①] 𰯼墓西库出土的14件铜钮钟，钟体布满花纹，钲部有两组突乳各18枚。仅这36枚突乳，每枚就至少需要两块范，共需要72块范，再加上钟体其他范，一件编钟至少需要上百块范拼合在一起。铸造这种尺寸要求精确、纹饰极为复杂的乐钟，需要十分娴熟的分范合铸技术。这套钮钟，外形美观、音质清亮优美，是浑铸法的代表作。

完备的礼乐表演中要钟磬齐鸣，编磬是其中重要的打击乐器，组合数目由3枚至16枚不等。编磬形状为长条曲折形，上部有弯折，中部有孔用于悬挂。在礼仪活动中，钟磬齐鸣，钟声悠扬、磬音清脆，金石之声相互交织、悦耳动听。王𰯼墓中出土了一套完整的编磬，共有13枚，均系石灰岩制成，依次缩小，磬体腐蚀较为严重。磬的折角处下方有孔，内壁有两道挂钩痕迹，说明这套编磬曾长期使用，是一套实用器物。𰯼墓中出土成组成套的编钟、编磬，是中山王权力的象征，也是中山国繁荣强盛的标志。

在完备的礼乐制度中，除了钟磬等乐器，列鼎设食也是重要的部分。青铜礼器中，鼎是最为重要的，是礼制身份的重要标志。夏代即出现了铜鼎，相传大禹铸九鼎以象征九州，"昔虞夏之盛，远方皆至，贡金九牧，铸鼎象物，百物为之备。使民知神奸"[②]。从此，鼎开始被赋予了新的文化内涵和象征意义，成为权力、身份的代表。经商代的发展，至西周时期形成了规

---

① 郭德维：《谈谈我国青铜铸造技术在楚地的发展与突破》，《中原文物》1990年第1期。
②《左传·宣公三年》。

范的列鼎制度，对不同等级的人所使用鼎的数目、鼎内所盛放的食物都有严格的规定。西周礼制规定，天子用九鼎，诸侯用七鼎，卿大夫用五鼎，士用三鼎或一鼎，一般平民和奴隶不许用鼎，即所谓"礼不下庶人"。天子所用九鼎内分别盛放牛、羊、豕、鱼、腊、肠、胃、肤、鲜鱼、鲜腊等肉食，这就是列鼎设食制度。

春秋战国时期，各诸侯势力强大，开始不服从周天子的统治。于是，出现了楚庄王向王孙满询问周天子九鼎之轻重、秦武王征伐周王室并索要九鼎等事件。后来，各诸侯国索性自行制作和使用九鼎，出现了"礼崩乐坏"的局面。强盛时期的中山国，势力虽不及战国七雄，但位列5个"千乘之国"，中山国国君也要用九鼎显示自己的尊贵和权威。在已发掘的中山成公墓和中山王䂆墓两座墓中，均出土了九件套的升鼎，反映出中山国的政治制度已经华夏化，采用了中原礼制，同时也有力地证明中山国已跻身于强国之列。

虽然中山成公墓和王䂆墓都出土了成套的九件列鼎，但其具体使用情况却又与华夏诸国有所不同，表现出自身特色。首先，九鼎的形制不尽相同，显然不是一次铸造而成。如中山成公墓出土的九鼎中，鼎腹有的为圆鼓形，有的为扁圆形；鼎的纹饰有的为凸弦纹，有的为凹弦纹，有的装饰双绹索纹；有的鼎盖云形钮的顶端有突起，有的鼎钮顶端比较圆润，8号鼎钮的顶上还有短柱状锥顶饰；鼎耳的形状及外撇的幅度也不尽相同。䂆墓出土九鼎的样式及铭文显示的工匠也不相同，表明鼎并不是同时铸造的。这一情况说明，中山的国力还没有强大到一气呵成铸造九鼎的程度，也反映出中山国虽实力不足，但意欲逞强的心态。

而鼎内残留的动物骸迹，则又说明中山国用鼎制度的逾矩情况。依照礼制的规定，列鼎中的首鼎应该盛放牛肉。而经分析，中山王𰯼墓出土首鼎——铁足铜鼎内的残留物是马、狗或其近缘动物的肉食；同一套列鼎中的5号鼎内盛放有狗肉的骸骨和朽肉泥，而马肉和狗肉均不在周礼所规定的以鼎设食的肉食范围内，但却是游牧民族惯用的食物。按照礼制规定，仪式上的升鼎仅用于陈设牲肉，并不用于烹煮；但是铁足铜鼎的底部有烟熏火烧痕迹，表明曾用于烹煮食物。这些都有悖于中原礼制，说明尽管中山国已在历史发展进程中逐渐汉化，但仍保留有游牧民族的痕迹，并没有完全严格遵循中原礼制。

在青铜礼器中，鼎是最为重要的，但是九鼎之外还有一系列的礼器。从目前中山国的考古发现看，𰯼墓出土的青铜礼器相当完备。铜鼎之外还有铜鬲、铜簠、铜豆、铜甗等。铜鬲为盛放饭食的器具，但𰯼墓出土的四件铜鬲内并无饭食残迹，而有汤汁的结晶物遗存。铜簠，是古代用来盛放稻粱的器具，《周礼·地官》郑玄注云："方曰簠，圆曰簋。"中山王𰯼墓出土铜簠四件，形制基本相同，其中一对内"所盛食物呈褐色，颗粒较粗，空隙较大而长，有稻壳"，说明原盛稻米饭；另一对"内中食物呈深褐色，颗粒较细密，有谷壳"，说明原为小米饭。豆是古代用来盛放调味品的器具，中山王𰯼墓出土的豆有平盘盖豆和方座盖豆两种。铜平盘盖豆出土一对两件，豆柄细长，有喇叭形座，器内均有肉汤残迹。铜方座盖豆造型敦厚，上部有圆盘形抓手，束腰形柄、方形底座，出土时器内附着有食物痕迹。

铜甗，是古代蒸煮食物的炊具。中山王𰯼墓出土的大铜甗，通高62厘米。甗分为上下两部分，上部的甑用来盛放所蒸食物，下部的釜用以烧水。甑为平底，底部密布细长形的箅孔，箅孔下宽上窄便于进入蒸汽,也可以防止上面的食物下漏。甑底的圈足恰好坐落在釜颈的平沿上,严丝合缝。出土时,釜的外底部有烟熏痕迹,甑壁上附有干结的食物。

三、美酒飘香

美食还要配佳酿,酒器也是礼器的重要组成部分。在战国中山国墓葬中,就出土了大量青铜酒具,其中以铜壶居多,另外还有铜盉、铜罍、牺尊等多种。这些青铜酒具中,既有游牧风格的实用器具,也有华夏风格的礼器,甚至有些作为礼器之用的酒壶也带有一定的游牧遗风。风格不同的青铜酒具,反映出这个国家对酒的依赖与喜爱,映射出具有游牧民族传统的中山国在与华夏文明接触中的碰撞与融合。

酒是液态的,容易挥发,不易保存,所以关于古代美酒我们一般只能凭文字的描述去遥想,很难有机会一睹其真容。尤其是战国时期的古酒,如果能历经2000多年的沧桑岁月保存下来,那应该说是奇迹了。但是,1977年在中山王𰯼墓确实出土了两种美酒。

在东库出土的一件铜扁壶(图18),出土时壶内有透明的

图18 铜扁壶及酒

高45.9厘米,长36.5厘米,宽15.3厘米,口径15厘米。

中山王𰯼墓出土。

壶带盖,壶身扁平,肩部各有一兽面衔环铺首,出土时壶内有透明的浅翡翠色酒液,经北京市发酵工业研究所化验鉴定,是中国考古发掘中第一次发现的超过2000年的实物古酒。

浅翡翠色酒液，尚有酒香。西库出土的一件铜圆壶，出土时壶内盛有墨绿色酒液，出土时香味较浓。

铜扁壶和铜圆壶中的酒液为什么能历经2000多年留下来呢？原因主要是这两件铜壶的壶盖都是子母口，壶盖与壶口扣合紧密，而且均已生锈，提高了密封度。壶体在墓中一直没有倾倒或破裂；王䯲墓葬地势较高，没有地下水浸入，墓内环境干燥。两壶壶身也没有被水浸泡过的痕迹，而且两壶液体的充满程度并不一致，排除了墓室积水灌入壶内的可能性。

为了确定两壶内有酒香气味的液体究竟是不是酒，1978年10月，考古人员将酒送到北京市发酵工业研究所进行了化验。鉴定结果认为：两只铜壶内的液体均含有乙醇，应该是酒，但两种液体的酒精含量均已很低。战国时期尚未有酒的蒸馏技术，当时的酒多是用黍或稻米酿成的米酒，酒精度低，含糖量高。两种酒内不含酒石酸盐成分，说明不是果酒。酒液的含氮量较高，并有乳酸和丁酸存在，推测酒可能是奶汁酿的酒，也有可能是粮食酿造的。其中铜圆壶内的墨绿色液体所含乙醇比铜扁壶内浅翡翠色液体的浓度大一些。两件铜壶内发现的古酒，在当时是中国考古发掘中第一次发现的实物古酒。

人类酿酒的历史很早，新石器时代农业生产发展起来后不久人们就用谷物酿酒。中山国的前身白狄族鲜虞部游牧经济特色鲜明，有可能掌握了以奶酿酒的技术。进入中原地区后中山国逐渐接受了农耕文明，农业生产相当发达，粮食产量较多，也为酿酒业的发展提供了基础。另外，中山国接近商代沙丘故地，《史记·殷本纪》："（帝纣）大冣（聚）乐戏于沙丘，以酒为池，县（悬）肉为林，使男女裸相逐其间，为长夜之饮。"商代沙丘故地所在的今河北广宗县，距离中山国的南部疆界不远，中山国的文化风俗方面也多有商代遗风。当时属中山国境的今石家庄市藁城台西村商代遗址发现有一座完整的酿酒作坊，特别是在一个大陶瓮内发现了4.8千克重的人工酵母，是商代使用曲蘖造酒的确凿证明。所以，中山国地域一带自古就有酿酒的技术传承。

中山国人好饮酒、善酿酒，在历史上久负盛名，郑玄在《周礼·天官·酒正》关于清酒的注中说："清酒，今中山冬酿接夏而成。"清酒，是古代酒中的佳酿。古代的酿酒技术较原始，酿出的酒中含酒糟，因此比较浑浊。如果在浊酒中加入石炭，使其沉淀一段时间后，其上部清澈即为清酒，下面所留的浑浊部分即为浊酒。《周礼》的记载说明，中山国所酿的清酒历时良久，需要半年多的时间才能酿成。

西晋文学家左思在《魏都赋》中，有"醇酎中山，流湎千日"之句，称道中山国的酒。东晋干宝的《搜神记》中也记载了关于中山国之酒的故事，故事中讲有个叫狄希的中山人"能造千日酒，饮之千日醉"。当时有个叫刘玄石的好酒之徒慕名向狄希求酒，狄希以酒未酿好为由相拒。因刘玄石再三请求，狄希便给了他一杯。刘玄石饮完后还想要，狄希说："只此一杯，就可以让你醉卧千日啦！"刘玄石回家以后，果然醉得像死了一样。家人以为他真的死了，就将他埋葬了。三年过后，狄希觉得刘玄石应该醒酒了，就前去探看，却被告知刘玄石已被埋葬。他便对刘家人说："我的酒好，可以让人一醉千日，现在他应该醒了。"于是刘家人凿坟开棺，发现刘玄石果然复醒，而墓中喷出的浓烈酒气居然让周围闻到的人都醉卧了三个月。这个故事虽有杜撰夸张之嫌，但在一定程度上说明了中山国酿酒技术之好和声誉之高。

喜好饮酒也应该是中山国君的传统，䜱墓出土的大量酒具和实物酒表明了他对饮酒的喜爱，中山成公墓也出土了两件十分精美的酒器，表明成公对酒的依赖与偏好不亚于其儿子。

凤首提梁铜盉是成公墓出土的一件代表性酒器，铜盉是古代的一种酒器和水器，主要用途是盛水、调酒。该铜盉带盖，有三个蹄形足。盉的提梁呈弓形，提梁一端铸成龙头形象，一端铸成龙尾状，宛若一条遒劲的神龙。盉的流口做成一只凤头，提梁前端龙首的吻部恰抵在凤的后脑勺部位。凤颈部上扬，口部微张，似因受到后面龙的抵顶而显出惊愕状，情态生动。盉腹中部饰三周鸟纹带，每周鸟纹带由两圈鸟纹组成，纹带内的鸟纹手法写意、别具一格。

中山成公墓出土的另一件精美酒器是一对错银镶金铜牺尊（图19）。整体造型为一只憨厚可爱的小兽。小兽四腿直立，兽

图19 错银镶金铜牺尊

通长40厘米，高28厘米，体宽16厘米。
中山成公墓出土。
为盛酒器，整体造型为一只憨厚可爱的小兽，兽的双眼镶嵌绿松石，颈部上饰包金泡饰，兽背上的盖钮铸成一只正回首叼啄背上的羽毛的天鹅，神态安逸，兽身满饰以银和红铜错出的纹饰并镶嵌有绿松石。

首前伸；微微张开的兽口为牺尊的流口；一双浓眉呈波曲状，兽鼻作卷云纹状；小兽圆睁着稚气的眼睛，双眼镶嵌绿松石，颈部饰有项圈，圈上饰有豆形包金泡饰。小兽的胸部肌肉丰满，腹部浑圆，腿部粗壮，短尾下垂，尾尖上翘。兽背上有一只活动的盖钮，盖钮铸成一只天鹅正在安逸地回首叼啄背上的羽毛，其羽毛的纹理刻画得极其精细。盖钮上装有合页，倒入酒液时可以打开，倒出酒液时兽口就是流口，构思可谓精巧奇妙。兽的头部及身体满饰以银和红铜错出的纹饰，并镶嵌有绿松石，显得华丽璀璨。

自从被人类发明出来以后，酒就一直得到人们的喜爱，酽酽酒香及饮后的迷离与沉醉都让人欲罢不能，所以人类也把美酒敬奉给神祇共饮，并由此而将青铜酒具发展为奉供的礼器。战国中山国的前身是白狄族鲜虞部，曾经过着游牧生活，当他们四处驰骋时，便于携带的铜扁壶、铜匏壶曾应用广泛；当他们进入中原地区、接受了华夏文明，其青铜酒具中多了形制规整的礼器，但又保留了一定的游牧遗风。不论是何种形制的酒具，都显示了中山人喜饮善酿的风俗。威猛慓悍、豪放慷慨的中山人在酽酽酒香间创造的独特文明，也给后人留下了一份隽永的审美空间。

四、娱乐游艺

中山国因承袭游牧民族遗风，具有及时行乐的传统，而且其所居住之地殷商旧俗沿袭较多，因此游艺行乐之风尤为盛行。《吕氏春秋·先识》记载："中山之俗，……康乐，歌谣好悲。"《史记·货殖列传》载，中山之地，丈夫喜"悲歌慷慨……为倡优"。从以上记载也可看出，因商末行宫所在地沙丘离中山南部较近，中山国人擅长乐舞、喜为倡优的习俗在一定程度上是受商代遗风的影响，形成了当地独特的以乐舞倡优为职业的风俗，杂技戏蛇等表演也十分盛行。

中山成公墓出土的银首人俑铜灯中的人俑形象，就是一个正在表演的耍蛇艺人。他的头部用白银制成，发髻整齐，头上的罩巾打成一个漂亮的花结，并有缨带系于颌下。人俑的眉毛高高挑起，圆圆的大眼睛中镶嵌熠熠闪光的黑宝石，一抹胡须俏皮地向两边翘起，笑容可掬，神态诙谐，应是中山国戏猴弄蛇的倡优形象。人俑身着锦纹长袍，潇洒自然地站在兽纹装饰的方形台座上，广袖低垂、长裙曳地，显得风度翩翩。人俑的右手握住一条长螭，螭身在其腕部盘卷一圈，螭吻上挺托住长长的灯柱，柱顶是一盏圆形灯盘。人俑左手握住一条螭的后尾，螭身向前曲伸，头部昂起，吻部顶着一盘灯盏。另有一盏大灯盘平地放置，可以起到很好的平衡作用，保证了全灯重心稳定。夜晚时在宫殿里点燃这盏灯，三盏灯盘中的九只灯烛高低闪烁，摇曳的灯光照耀着潇洒的艺人和屈曲的长螭，螭舞人欢，歌舞升平，该是多么赏心悦目！

郭沫若在《西周金文辞大系图录考释》中曾经说过："中山是个艺术的民族，但随着时间的流逝，它那深沉悲壮的歌声，它那婉约清丽的琴声，它那婀娜多姿的舞步，我们无缘倾听和欣赏了，只有属于两千年前那些精美绝伦的遗物还留在我们的视线中，不时提醒我们：脚下这块土地上，曾经有一个叫白狄的民族，建立了一个盛极一时的国家，如今……一切的繁华都如那春日的小雨，随时光的流逝隐遁于地下，我们努力地去想象那曾经的亭台楼阁，那曾经的金戈铁马，那曾经的丝弦笙歌……"

战国时期中山国民间讴歌相当盛行，具有"怨以怒"的慷慨悲壮之风。刺秦侠客荆轲在易水畔与燕太子丹辞别，生离死别之际其好友高渐离为他击筑，声音悲亢、激越。在击筑声中，送者、行者皆沉浸于凄凉悲怆的氛围，荆轲相和而歌，始为"变徵之声"，悲凉、凄婉，令众人皆垂泪而涕；接着荆轲"复为羽声"，音调高亢，慷慨激昂，音乐由弱至强，由低至高，众人皆嗔目，以至怒发冲冠，情绪由凄楚悲凉至慷慨悲壮，充满生离死别、同仇敌忾之情。陶渊明《咏荆轲》有诗："商音更流涕，羽奏壮士惊。"燕国易水河畔一带与中山国相邻，燕地的民歌也可以在一定程度上反映出中山民歌的风貌。战国中山国的慷慨之风至今尚存，如曾属中山国统治范围内的定州市，其被列入国家级非物质文化遗产的秧歌戏，仍以"大悲调"为主；灵寿县秧歌里的胡子腔铿锵有力、威武雄浑，青花、老旦的悲腔则声声切切，透彻心腹；河北梆子的声腔辙韵皆高亢豪放，令人荡气回肠，亦是古风犹存。

战国中山之女子擅长演奏琴瑟、表演跕屣之舞，游走于权贵之门，以才艺来博取富贵。《史记·货殖列传》中记载中山国："女子则鼓鸣瑟，跕屣，游媚贵富，入后宫，徧诸侯。"蹑足轻走曰"跕"，小履无跟者为"屣"，跕屣意为拖着鞋子，足尖轻轻地着地而行，类似一种脚尖着地的舞蹈。中山国的女子凭借自己的乐舞技艺，游走于各诸侯国，获得上层社会的喜爱，也为自身谋求荣华富贵。经秦至汉，后宫中佳丽也有很多出于中山故地。《史记·佞幸列传》中记载："李延年，中山人也。父母及身兄弟及女，皆故倡也。……延年女弟善舞……延年善歌。"

除了乐器、歌舞、杂耍等表演，中山国其他方面的游乐也十分盛行。战国时期，手工业和商业发展迅速，众多繁华的商业都市兴起，娱乐业也随之兴盛，六博、蹴鞠等娱乐活动流行。《史记》中载中山男子喜"相聚游戏"，在中山王族3号墓发现了两副制作精美的六博棋盘，同时发现了五颗水晶棋子，表明六博这种游戏在中山国较为流行，主人死后以此博具殉葬。

六博棋亦称博戏或陆博，是古代掷采行棋的一种比赛。六博棋由棋子、博箸（骰子）、博局（棋盘）三种器具组成。在棋盘上行棋，每方各六枚，棋子一枭五散，故称六博。其中的"枭"相当于王，五枚"散"相当于卒。春秋战国时期的兵制，以五人为伍，设伍长一人，共六人；当时的军事训练中，两队人马竞赛，也是每方六人。由此可见，六博棋是象征当时战斗的一种游戏。六博中的箸就像骰子，用于投掷。棋局就是棋盘，呈方形或长方形，棋盘上绘制或刻出曲道，用以行棋。

六博棋比赛的大体方法是，两人对局或两组联赛，分黑白两方。局侧设投枰，供投箸用。行棋时，"投六箸，行六棋"，六箸上面刻有"五""白""塞"等"采"，掷采时往往要大声喝采，以掷得"五""白"两采为贵，用骰子掷采后，再根据掷采行棋，相互攻逼，斗智又斗巧，直至置对方于死地。行棋走到最后的关键时刻，当投箸投成"五白"，可以任意杀死对方重要棋子，便取得倍胜，胜利者及观者往往欢呼助兴。《楚辞·招魂》中有"菎蔽[1]象棋，有六簙些；分曹[2]并进，遒相迫些；成枭而牟[3]，呼五白些[4]"句。其中的"六簙"便是六博棋，诗句

---

[1] 一种香草，用它投箸来决定行走的步数。
[2] 王逸注："曹，偶。言分曹列偶，并进技巧。"
[3] 行棋时，倍胜为牟，此时可以任意杀死对方棋子而取得倍胜。
[4] 朱熹、王逸：《朱熹注：诗集传；王逸注：楚辞章句（合一册）》中有"五白，簙齿也。言己棋已枭，当成牟胜；射张食棋，下逃于窟，故呼五白以助投也"。

描写了行棋时双方相互攻逼、行棋到最后的胜利时刻与众欢呼的场面。

据现代棋史学者的研究，这种古老的六博棋实际上是世界上一切分兵种盘局棋戏的鼻祖，象棋、国际象棋、军棋等有兵种的棋戏，都是由六博棋逐渐演变改革而成。秦汉时期，六博戏更加流行，当时的最高统治者都很喜爱博戏，汉代还出现了专门研究博术的著作。东汉以后六博棋开始衰落，玩法逐渐失传，现存的有关史料零云散星，语焉不详，具体如何投掷箸、如何行棋，已不能详知。

中山王族3号墓出土了两件石质六博棋盘，是我国目前发现年代最早的石质棋盘。棋盘均"系用大小不等的多块石板拼成，出土时已散乱，有的经高温烘烤，青灰石质已变成橘红色"[①]。考古工作者经拼对才拼出两副棋盘，并将残缺处修复。两副棋盘的长、宽相同，均长45厘米、宽40.2厘米、厚0.8厘米，棋盘表面有以浮雕手法刻成的纹饰。"棋盘面上有钉孔，应是棋盘原用钉固定在木板上，盘的四边再用折角（直角形）石刻条作外框，把木质底盘镶包，使其成为一件完整而精美的六博棋盘。"[②]两件棋盘的纹饰各不相同，但都以蟠螭纹、饕餮纹、老虎纹为主，线条繁密、塑形生动。

其中的一件棋盘（图20），系用10块青石板拼成，棋盘的四周有边框、内饰卷云纹。棋盘的四角各有虎形纹，老虎身体细长，耳朵挺立，嘴巴微张，曲颈回首，体表有人字形纹、细密的斜方格纹和卷云纹。在四角虎形纹的一侧有两组两两相对

[①] 河北省文物研究所：《战国中山国灵寿城——1975—1993年考古发掘报告》，文物出版社2005年版，第220页。

[②] 河北省文物研究所：《战国中山国灵寿城——1975—1993年考古发掘报告》，文物出版社2005年版，第220页。

图 20　石质六博棋盘

长 45 厘米，宽 40.2 厘米，厚 0.8 厘米。
中山王族 3 号墓出土。
棋盘用 16 块青石板拼成，盘面中心浮雕四组对称的饕餮纹，中心石板的上下左右四方有盘曲环绕的蟠螭纹，中心石板的四角对应四组饕餮纹饰，棋盘的四角分别雕刻四只曲颈咆哮的小虎。棋盘纹饰繁复而清晰，是目前发现的年代最早的石质六博棋盘。

的饕餮纹，上饰极其细密的斜方格纹和长毛纹。在四角虎形纹的另一侧，有四组相互对称的独首双身蟠螭，其身一侧饰鳞纹，另一侧饰长毛纹。棋盘上、下、左、右的中间部位有四组相互缠绕的蟠螭纹，蟠螭的头部刻画简略，身饰细密的鳞纹，棋盘的中心部位，是位于四个对称三角形内的组合饕餮纹与云纹。中山王族 3 号墓出土水晶棋子五颗，两颗长方柱形棋子有明显的使用痕迹。另外，该墓还出土有小方石 11 颗，也可能是六博棋子。

中山成公墓和中山𰯼王墓分别出土有一件筒形器，推测可能为投壶用具。战国时期投壶之风盛行，投壶是将矢（箭杆儿）投到酒壶中的比赛，是贵族阶层在宴饮时进行的一种游戏，也是一种礼仪。投壶礼来源于射礼，根据《礼记·射义》记载，周代贵族要掌握"射"的技能，这也是"礼乐射御书数"六艺之一，按照礼制规定，射技包含白矢、参连、剡注、襄尺、井仪五种技艺。诸侯宴请宾客时的礼仪之一就是请客人射箭，那时成年男子不会射箭会被贬视。后来，由于场地不够宽阔，不足以张侯置鹄[①]；或者由于宾客众多，不足以备弓比耦；或者有的宾客确实无力拉弓，就以投壶代替射箭。

战国时期，弓箭的制造更加精良，射箭的技艺更为讲究，社会上有各种各样的射箭比赛，按照参加人员的等级及场面又可分为大射、宾射、燕射、乡射等，同时由于社会的发展、民间风俗的改变，以投壶为乐的现象越来越普遍。投壶比赛时分成"主党"和"宾党"两组，在伴奏乐曲和鼓声中宾主双方轮流从远处将无镞之矢投向壶口，每人四矢，双方依次进行，抢先连投者投入亦不予计分，并由"司射"统计投中次数，宣告"某贤于某"，多中者为胜，负方要按照规定的杯数饮酒作罚。按照礼制规定，投壶过程中原应有一套与射礼相似的揖让进退程序，但战国时期投壶礼仪渐失，娱乐意味日浓。

中山王𰯼墓东库出土的犀足蟠螭纹铜筒形器，器高58.5厘米、口径24.5厘米。器身为直筒形，底部较平。器表布满屈曲环绕的蟠虺纹和细密的雷纹地，中腰部位两侧各有一只兽面衔

[①]《周礼》："张侯布栖鹄，则春以功。"《周礼·天官·司裘》："王大射击，则共虎侯、熊侯、豹侯，射其鹄。"

环铺首。筒形器由三只奇兽承托，三兽周身刻卷云纹，兽的额头上有弯曲的角，口鼻部饰有鳞纹，周身饰卷云纹，神兽昂首张目，身躯壮硕，短尾弯垂，富有力度，神兽的四肢外撇，正用力撑起筒身。该器的具体用途不详，器身内外没有烧熏痕迹，也没有盛用过食物的痕迹或油迹，可能为投壶器或温器。

五、行舟作乐

浩荡的滹沱河依旧碧波荡漾，这不息的流水见证了多少物是人非。而今，滹沱河是石家庄市重要的风景区之一，泛舟其上的是快乐的百姓。

而在当年，王䎵也曾乘着华丽的彩船在这条宽阔的水面上迤逦而过，那是王䎵一生中志得意满的风流岁月。

中山国境内有多条河流，滹沱河依都城灵寿古城流过，河面宽阔，便于中山国王泛舟河上，行饮作乐。在中山王䎵墓专门设置了葬船坑，这在北方墓葬中极为罕见，坑中出土器物表明，中山国的造船业也达到了很高的水平。

葬船坑分为南、北两室，自南至北长约35.2米。在葬船坑中出土了大量船构件和船上用品，显示出当时的造船水平。

从考古发现的遗迹分析，北室放置船的规格可能高于南室。"如该室确置一船，应为主船，其长约11米，宽约3米，乘此船可观赏南室船上的伎乐表演。"北室的北面挖有一条狭长的深沟，象征河道。地面尚残存彩绘遗迹，葬船坑中当时北室的随葬品应高于南室，但北室已经被盗掘一空，地面只有零星的深褐色和红黄蓝绿等颜色的板迹。

从葬船坑的南室残存船板的痕迹可以看出，该坑原有东西并列放置的三条大木船，三条船中间有横铺的木板将之连为一体，发掘者根据残存的灰迹推测船只原长大约13.2米。该船的底板上有铜质旌旗杆首两件，大桨痕迹五处。船桨竖向摆放，相互错叠，痕迹比较完整，总长153厘米，桨板长约141厘米，船柄长约12厘米。桨板为黑褐色，上面涂以朱红色、黄色等多色彩饰，并有卷云纹、长三角纹。

葬船坑出土了大量的铁质船构件，在当时是比较先进的。其中有铁质船板箍71件，用于拼接船板。船体的不同部位，使用大小不同、宽窄不一的船板。船板的拼接，除使用卯榫结构和木质枣核钉外，还使用铁箍加固，铁箍的缝隙间塞以铁皮。

尽管葬船坑曾遭到严重盗扰，但仍发现了三件铜钮钟和两件石磬残块。三件铜钮钟依顺序排列，钟体比西库出土的编钟更为厚重，表面饰有云雷纹、雷纹或云雷兽面纹，花纹线条细密，蜷曲游动，有活跃的生机。钟的内壁还有调音用的方块，让人遥想当年中山王在钟磬妙音中荡舟长河的乐享时光。

当年，这条大河载着王䝹华丽的彩船徐徐而进，䝹在钟磬美妙的乐音中，品尝着中山的美酒。这美好的时光的确是短暂的，沉湎于享乐中的王䝹，忘却了周边环伺的群雄；他那迷离的醉眼，看不清赵武灵王虎视眈眈的双眸。中山国那自草原挟带而来的虎虎雄风，正在被河水的清波冲淡。那水波荡漾开去，漾向远方的力量越来越弱。

当夕阳映照在太行山上，火红的余晖依旧明亮而炽烈，只是很快，那片阳光便将消失在黑沉沉的山后。

王䝹可曾在这船上看过落日，可曾感受到过夕阳西下时，天边的彤彩光辉很快就被无边的黑暗所吞没！

第九章 旷彩美玉

一、矫龙神采

这件透雕夔龙黄玉佩（图21），应该是王䰠宠妃的爱物，因为它出土于䰠墓的1号陪葬墓。䰠墓周围共有6座陪葬墓，均为䰠的嫔妃姬妾。其中1号陪葬墓离䰠的墓室最近，推测其墓主人的地位或受宠爱程度最高。

图21 透雕夔龙黄玉佩

直径6.4厘米，厚0.5厘米。
中山王䰠墓陪葬墓出土。
玉佩为黄玉质，中心是带扭丝纹圆环，环的外廓透雕三条形态相同的夔龙，矫龙曲颈回首，拱背翘尾，体态矫健，充满活力。

这件龙形佩的直径只有6.4厘米，但制作极为精巧。玉佩用圆形玉片透雕而成，是一件十分珍贵的透雕艺术作品。玉佩中间为刻有丝束纹的玉环，环的外廓透雕三条神龙。三条矫龙曲颈回首，拱背翘尾，你追我赶，生机勃发，透露出昂扬不羁的中山风神。

　　龙是中华民族的主要图腾，体现了中国文化海纳百川、多元融合的特征，象征着独立进取、昂扬奋发的中华精神。千百年来，人们对能够行云布雨、上天入地的龙充满崇敬，把它当作荣耀、权威、尊贵的象征，并非常喜欢以龙的形象来寄寓对美好生活的无限憧憬。玉是山川大地的精华，温温润泽、美丽光洁的玉石自古就受到中国人民的喜爱，以玉雕龙是中国传统艺术中的重要主题。

　　透雕夔龙黄玉佩造型别致，工艺细腻，风格遒劲，是战国玉佩中的代表性作品。玉佩那充满活力而富有弹性的线条饱含着一种紧张的气势和飞腾灵动之美，明显地表现出刚健挺拔、勇往直前的勃勃生机，呈现出强烈的生命律动感，充分显示出战国中山奋发图强的精神面貌。

　　这件玉佩不仅造型新巧，而且其透雕、抛光工艺也反映了中山国玉器加工的精湛工艺。玉佩的镂空技艺娴熟，刀工犀利，边角锋润。其表面打磨平滑、抛光均匀、光洁细致，虽历经2000多年的时光，表面仍闪着"玻璃光"。

　　战国时期，是中国社会发生重大变革的转折期，审美意识的改变使这一时期玉龙的造型脱离了商周时代规矩庄严的倾向，变得更加富有生命活力，造型设计巧妙而富于变化，纹饰与工艺呈现出新的发展，这些变化与特点在这件龙形玉佩上都有明显的体现。

战国早期的中山国墓葬中极少有软玉①制品出土，即使在新乐中同村、灵寿西岔头以及行唐李家庄等几处等级较高的墓葬中，也只发现有一些玛瑙制品和绿松石珠。

定居太行山地区后，中山国对华夏文化的学习吸收日渐深入。在华夏礼制和用玉制度的日渐熏染下，中山国使用的玉器品种不断增加，制玉业也发展起来。虽然中山成公墓及其陪葬墓出土的玉器仍比较少，只有几件玉佩和1件玉玲、2件石璧，但是，在王䜌时期中山国的玉器数量和质量有了飞跃性的提高。

二、美玉收藏

美丽的玉石光泽晶莹、温润怡人，备受中国人民的喜爱与珍视。玉在中国文化中一直占有重要地位，自红山文化时期至西周，玉器一直具有深厚的宗教礼仪色彩，是先民顶礼膜拜的圣物，是等级制度的象征。春秋战国时期，玉器被赋予了浓厚的人格化色彩，玉文化具有了新的内涵。战国中山国王族墓葬虽然历经盗扰，但仍出土了千余件精美的玉石器。中山国出土的玉器多数质地莹润，造型生动，工艺精湛，代表了战国时期玉器制作的最高水平。

王䜌喜爱美玉，收藏丰富，在其墓葬出土了30件写有墨书文字的玉器，主要有璧、环和各种形式的玉佩，为研究战国时期的玉器及文化提供了宝贵的资料。玉器上的文字多为"玉珩""它玉环""它玉""它环""它玉虎""它玉珩"等器物自铭，也有一部分为"集玉""集它玉"字样，少数为人名或吉祥祝语，

---

① 玉，狭义上仅指硬玉（翡翠）、软玉（和田玉等）；广义上指天然地质作用形成的，符合具有美丽、稀缺、耐久特性的矿物集合体等；泛义上指文化学上的玉，石之美者也，包容极大。其中，翡翠的摩氏硬度为6.5~7.5度，和田玉的摩氏硬度为6~6.5度。

为研究古玉的定名和用途提供了可靠材料参考，也记录了器物的流传经历。

商周时期讲究"器以藏礼"[1]，有名物辨用的习俗，不少青铜器上带有自铭以表明该器的功能，如"宝尊彝""盥缶""尊缶"等，但带有自铭文字的玉器很少发现。𰯼墓出土的一件龙形黄玉佩，上吻长圆，耳部细尖，后背高拱，尾部环曲，整体形象更像龙，但器物自身有墨书"它玉虎"，表明了这件玉佩当时的名称。又如一件双龙青玉佩（图22），在斜向相交的两只大龙龙尾间夹有两条相背的小龙，别致精巧，上有墨书文字"它玉珩"，说明玉佩当时的名称。

图22　墨书双龙青玉佩

长6.6厘米，宽3.6厘米。

中山王𰯼墓出土。

玉佩双龙体表遍饰虺纹，身形修长，体似弯弓，斜向相交，构成优美的弧线。在两只龙尾间还夹有两条相背的小龙，别致精巧，形态可爱。上有墨书"它玉珩"三字。

---

[1]《左传·成公二年》。

另一件形状相近的双龙青玉佩上，则写有墨书"公全一吉玉"。"公"是春秋时期中原地区对诸侯的统称，"全"指周天子所用质色纯正的玉，"吉玉"指祥瑞的玉器。"公全一吉玉"是一句吉祥语，反映了玉佩承载的文化信息。在一件四足边玉环上，也写有类似的吉语"文有（友）"。"文有（友）"二字出于《论语·颜渊》："君子以文会友，以友辅仁"，表达了古人在交友方面的美好愿望。

还有的玉器上写有"集玉""集它玉"等字样，说明是国王从各处搜集的珍藏；有的则写有吉祥语，有的玉器上面的文字为人名，如一件玉环上书"文君"，一件石璧上书"桓子"。据刻铭铜方壶铭文知，中山先代君主有文公、桓公，玉器上的墨书文字有可能是中山国历史上的君主文公和桓公的称号。《太平御览·珍宝部四》记载，夏末桀伐岷山，岷山王献二女于桀，"曰琬，曰琰。桀受二女，无子，刻其名于苕华之玉，苕是琬，华是琰"。夏桀在玉器上刻写两个宠妃的名字，以期得到福佑、早生贵子，中山国在玉器上书写先代君主的名字有可能也是借以祈求福佑。

战国时期人们不但以富有灵性的玉器作为供奉神灵的祭品，并将之佩戴于身，以祈求神灵的佑护。中山国玉器上有的书写有避邪、祝祷之词，以恭求福佑。如中山罍墓出土的两件虎形玉佩上均书写有"吉之玉犀不畏"六字，是用于避邪驱祟的祝语。在玉器上刻写吉祥祝语的习俗自战国时期出现，至汉代尤为盛行，汉代有正月卯日佩戴玉"刚卯"的习俗，就是以佩玉驱邪纳福风俗的延续。

中山国玉器上的文字结构匀称优美，笔画挺劲流畅，显得隽秀清丽，表现出高雅的书法韵味。玉器上众多的高水平墨书文字，说明当时已经比较熟练地使用笔、墨等书写工具。一般认为原始的墨应是与毛笔相伴出现的，考古发现的新石器时代绘有黑色花纹的陶器表明，先民们至少在四五千年前就已经用黑色绘画了。商代开始用墨书写，至春秋战国时期，简牍和帛书就是分别写在竹木简或丝织品上的文字，《管子》《庄子》两书中都曾提到笔墨，可见当时笔墨已广泛使用。① 据文献记载，先秦的墨都是用天然石炭等制成，使用时用砚石在砚中将墨研磨成粉末，再兑水稀释成墨汁。砚是与毛笔相配合使用的写、画工具，滥觞于原始社会后期，成熟于春秋战国。中山国出土有一件陶砚，残长17厘米、宽13.6厘米、高4.2厘米。陶砚为细泥灰陶质，长方形，砚面四边有小凸框，砚底有四个长方形足，砚面尚留黑色墨迹，说明曾用于研磨。

三、百变神龙

龙形玉佩是战国时期的代表性配饰之一，王䁀一定是极其喜爱龙的造型，在王䁀墓及其陪葬墓出土了204件各式各样的龙形玉佩。这些龙形佩除了成对的之外，无一雷同，姿态各异，精美绝伦，令人赞叹。

这些龙形佩的质地有青玉、黄玉、白玉、墨玉、碧玉等，色彩缤纷。雕刻手法有透雕、浮雕、阴刻等，变化多样。玉龙有的俯首，有的昂头，有的头部上勾，有的回首凝望；龙身有的平直，有的蜷曲，有的左右盘绕，有的上下勾卷；至于各条龙眼、耳、唇、足、尾等细部的形态更是变化万千。龙身的纹饰有谷纹、云纹、蚕纹、丝束纹、节片纹等多种，丰富多样。

---

① 许树安：《文房四宝——笔墨纸砚》，《古代礼制风俗漫谈（四）》，中华书局1992年版。

这些龙形玉佩，显示了战国中山国制玉工艺的高超水平，蕴含着丰灏的时代风韵和文化内涵。

战国时期是中国社会发生重大变革的转折期，审美意识的改变使战国时期玉龙的造型脱离了商周时代规矩庄严、沉稳端正的倾向，变得更加富有生命活力，造型设计巧妙而富于变化，纹饰与工艺呈现出新的发展，在文化气质方面也体现出明显的时代风韵。从众多的中山国龙形佩可以明显看出，战国玉龙由规矩古朴变得繁复生动，多姿多彩，充满活力和张力，腾光跃彩，为两汉以后历代玉龙的造型定下了基调。

我国最早发现的玉龙是新石器时代红山文化的 C 型玉龙。在以后的漫长历史时期，玉龙的形象随时代而演变，呈现出多姿多彩的风貌。中山国的文化与艺术具有浓郁的游牧民族色彩，但其龙形佩的造型基本与中原地区的玉龙相近，体现了战国时期龙形佩的形状特点。中山国墓葬出土的龙形佩中，除了一小部分为平体外，大部分为弓形、S 形、折曲形或波曲形，龙身曲线婉转自如、流畅舒展、气势矫健，回环盘绕的身躯充满活力和动感，也体现出战国时期龙形佩的典型特点。

弓体龙形佩身体像一道美丽的彩虹，折体龙形佩身体呈对折状弯曲，波曲龙形佩多为回首状且龙体呈波浪状或∽形弯曲。拱背回首龙形佩是最富活力的，龙的背部高高拱起，颈部大多向后回屈，身体充满张力，显示出勃勃生机。其中的一件拱背回首龙形黄玉佩，是中山国墓葬中出土最大的玉佩，通长 23.6 厘米，透明黄玉质，形态完整。战国时期，龙的形象中龙首明显较商周时期变小，龙角也由商代粗短的蘑菇形发展为钩状角。这种缩小龙头、淡化龙角与龙耳的趋势，在这件龙形黄玉佩中表现得比较明显。玉佩的龙体细长，头部只占整个身体比例的

1/20左右，龙角也较为短小，龙耳几乎不见。这条玉龙张口回首的姿态、长而上卷的吻部、圆弧形的下唇也均体现出战国时期龙的造型特点。玉龙蟠转回屈，曲颈向后，弓背如桥，翘尾如刀，有云中腾飞之状，十分有力度感。

除上述龙形佩外，中山王族墓还出土多件多条龙组合的玉佩，设计别出心裁，造型新颖别致。双龙青玉佩，由大小四条龙组成，上面两条龙身形修长，体似弯弓，两条龙背部的鬃毛于正中部位相互接连，中间空隙恰形成用以穿系的小孔。在两条较大龙的龙尾间，还有两条小龙，小龙的身体弯曲成圆弧状，背部相连，长角、长尾，身躯灵动，富有活泼的生机。

战国中山国的龙凤合体玉佩也非常具有特色。龙凤白玉佩，长6.8厘米、宽3.8厘米，小不盈握，但结构设计与纹饰刻画均相当精细。这件玉佩由对称的二龙二凤和一个卷云形玉环构成，龙独首双身，一只龙头居于中心，向两侧对称伸出蜷曲的躯体。龙的双尾向下勾卷成为长冠斜立、嘴如尖钩的凤头。如将玉佩颠倒观看，则凤头为龙尾，凤翅为龙身，凤足为龙足，构思巧妙，龙凤和谐，寓意美好。器物下部是装饰云纹的椭圆形玉环，龙凤环绕其周，成为稳定全器的核心。在龙凤的身上还结合身体的不同部位以浮雕和阴刻线方式描绘出丝束纹、斜格纹、长毛纹、卷云纹等，层次分明，细腻精致。

战国时期是中国玉器史上制造玉龙最多的一个时期，制作工艺也发展到一个新的阶段。这一时期的龙形玉佩的样式一改以往的严肃造型、静止格调，特别强调动态与曲线的运用。中山国出土的龙形玉佩，造型多变，线条刚劲，曲转流畅，显示出娴熟的技艺，体现了战国时期玉器加工工具和加工技艺的双重进步。这些龙形佩无论是浮雕、透雕，还是造型轮廓线和纹饰的阴阳线均琢制得锋利挺劲、准确流畅，充满活力而富有弹性的线条明显地表现出刚健挺拔、勇往直前的气势和力度，充满了勃勃生机并呈现出强烈的动感和生命韵律感，饱含飞腾灵动之美，具有奋发的气势。精湛的技艺和昂扬的艺术风格，充分显示了战国时代那种意欲逞强和争相称霸的精神面貌。

四、玉器神工

根据学者们的研究，中山国出土的玉石器并不一定全是中山国制造，但在很大程度上也能反映其制玉业达到的水平。中山国玉器，在吸收中原式玉器及楚式玉器特点的基础上，又融入了本国审美元素，显出独特神工和别样风采。

玉石的硬度比较大，加工困难，古代制玉的重要工具是砣机。战国时期农业和手工业发展，商业繁荣、市场活跃，激发了玉雕工艺的发展与创新，玉器加工在选料、造型设计、图案创新等方面在继承前代的基础上又有了新的发展。特别是随着铁制工具的普及，玉器开片的规矩程度、钻孔的标准性、纹饰的精细化都有所提高，整体造型和纹饰线条都遒劲有力、流畅自然。

战国时期玉石制作中的发丝细刻技术、精细钻孔技术和娴熟镂雕技术均是在工具改进的基础上发展起来的。中山国玉器的雕琢技法有新的特点和突破，切割、钻孔、阴刻、阳刻、浮雕、圆雕、透雕等加工工艺均巧夺天工，代表了战国时期制玉业所达到的新水平。

1. 中山国玉器表现出高超的切割、钻孔工艺

王䶮墓出土的一件白玉坠饰，为方柱状，中间有孔贯通。坠饰表面两侧雕有五组凸出的棱饰，中间一组有凸棱三周，其

上下亦各有一组较细密的三周凸棱；坠饰的上下两端各有一组四周凸棱。这件坠饰长4.5厘米、宽0.9厘米，在这样一件小小的坠饰上，共有17层凸棱，分布对称、规整细密。中山王䰉墓出土的长方形坠饰，钻孔技术最为突出。这件器物为白玉质，由器盖和器身两部分组成。盖上钻有两个小孔，直通器身。在器腰的中部横穿一个与器盖上两个孔大小相同的孔，"与由盖部透下的两孔相通，作穿结丝线挂饰用。其孔眼上下长2厘米，孔径约0.1厘米，其形特殊，制作巧妙。被专家们认定为目前发现的有可靠年代的玉器中孔最长、孔眼最小的一件艺术珍品"[1]。要钻出这样精细的孔眼，在现代化的高频超声波和激光打孔技术应用之前，除了铁工具，其他青铜等任何材质的工具都无法做到。[2]

2. 中山国玉器的纹饰体现出精细的阴刻工艺

战国玉器的纹饰线条不同于春秋时期的浑圆，线条更加屈曲多变，体现出加工工具和技艺的进步。中山国玉石器上的谷纹、云纹、涡纹、方格纹、蚕纹、斜方格纹、S形纹等多为阴刻，玉器表面用细如青丝的线条，描绘出变化多端的纹饰，游刃有余、纹丝不乱。

战国时期玉器上的谷纹尤为流行，谷纹是谷物萌芽的样子，象征着春天万物苏醒、生机勃勃的景象和人们对农业丰收的期盼。谷纹出现的社会背景，与战国时期农业发展、谷物生产繁荣有关，是当时社会经济在玉文化中的自然反映。在玉器上雕刻谷纹寄托了人们希冀风调雨顺、五谷丰登的意愿。战国中山国龙形佩中，装饰谷纹的占绝大部分，谷纹线条舒展流畅，工

---

[1] 周南泉：《中国古代的玉器》，《故宫博物院院刊》1979年第2期。
[2] 袁永明：《战国时期玉器制作工艺的若干探讨》，《江汉考古》2003年第1期。

艺精细入微，上下交错、左右呼应，令人赏心悦目。战国中山国龙形佩上的云纹，多形式活泼、不拘一格，显得生动流畅，富有动感和曲线之美。

除了谷纹和云纹，玉器上的其他纹饰也十分有特色。如一件虎形黄玉佩，虎身边缘饰有一条丝束纹或扭丝纹，上半身为疏朗的仿虎皮状条斑节片纹，头及腹部为双云头蚕纹，蚕纹有大有小、错落分布。虎形佩表面有不同类别的纹饰组合，纹饰以浅雕阳纹和阴线组合构成，营造出一种奇幻效果，增加了虎形佩的神秘感。又如一件双虎头青玉璜，虎身中部阴刻卷勾状纹，其内又填斜线纹，纹饰极其细密，但每条纹理均十分清晰、交叉分明，十分罕见。虎颈处刻有相当细密的丝束纹，纹饰间隔分布并不均匀，但线条流畅，有鬃毛飞动的感觉，表现出极其高超的工艺和极其臻细的手法。

中山王䰠5号陪葬墓出土的龙首青玉带钩上琢刻的纹饰异常精美，带钩长17.1厘米，玉质纯净细腻，光泽闪亮。钩首为螭头、钩尾雕虎头纹，雕琢纹饰毛发毕现，形象生动。钩身正面雕琢凹凸相间的六个方格，凸处纹饰有三组，均为衬以细密方格纹的卷叶纹；凹处有四组纹饰，近螭首端为一组卷叶纹及斜线纹，近虎头纹端为一组衬细密方格纹的桃形叶纹，中间有两组相同的衬以细密方格纹的阴线对角交叉云头纹。背面纹饰有三组，均以含苞待放的芙蓉花为主，衬以双钩S纹或钩云纹及弧线纹、斜线纹、细密方格等。钩钮处有衬以细密方格纹的柿蒂纹。方格纹整齐规矩、柿蒂纹端庄典雅、花卉纹灵巧细腻、云气纹弧曲流畅，均琢刻十分细腻，是战国雕琢技艺的代表作。

中山王族3号墓出土的石质六博棋盘，也表现出精湛的线刻技艺。其中一件棋盘用16块青石板拼成，纹饰极其复杂。中心石板周围，由内到外分别雕刻四组蟠螭纹图案和四组饕餮纹图案，其中饕餮纹位于四角、体表刻细密的斜方格纹，蟠螭纹位于四周、体表刻鳞片纹。中央石板的上下左右四方，有盘曲环绕的蟠螭纹，纹饰细腻流畅。中心石板的四角位置，有对应的四组饕餮纹，其整体构形线条简洁，身上纹饰却十分繁密，有斜方格纹、长毛纹等。棋盘上共有8只老虎，其中4只雕于棋盘四角，另外4只分别位于边框的正中。老虎曲颈咆哮，生动有力。四角的小虎和四组蟠螭纹之间，还有独首双身的螭兽。棋盘构图上下左右两两对称，纹饰繁复而清晰，是中山国能工巧匠的艺术杰作。

中山国玉器的透雕工艺也十分精湛。战国时期，在农业和手工业发展的基础上商业繁荣、市场活跃，激发了玉雕工艺的发展与创新，玉器雕琢工艺在选料、造型设计、图案布局等方面在继承前代的基础上又有了新的发展。随着铁制工具的普及，可以加工出以往用青铜器工具难以刻画出的造型和纹饰，特别是透雕纹饰。譽墓出土的双夔耳青玉环，中间为外廓与内孔宽度相近的玉环。中部玉环的两侧各饰一夔龙形耳，双龙均背向玉环，长角斜立并上伸与环相连接。龙吻向内勾曲，身躯挺立，尾部内卷，呈现出一股遒劲的力度。中山王族3号墓出土的四凤白玉饰（图23）宽5.8厘米、高2.5厘米。玉质细腻，由镂雕的四凤组合而成。四只凤鸟均为长冠、圆眼、尖喙，体态柔美。上部较大的两凤双喙相连，张翅翘尾，双足踏于下面的半璜形架上；璜架的两端各侧立一凤，双足伸踏于上面的凤身之上，凤尾下翘。器物小巧玲珑，美观别致。

中山国玉器的圆雕工艺独有特色。中山王譽墓出土的蛙形小玉兽是圆雕工艺的代表作。小兽长1.9—2.1厘米，宽1.3—1.6

图 23　四凤白玉饰

宽 5.8 厘米，高 2.5 厘米。

中山王族 3 号墓出土。

由镂雕的四凤组合而成，四只凤鸟均为长冠、圆眼、尖喙，体态柔美。上部较大的两凤双喙相连，张翅翘尾，双足踏于半璜形架上；璜架的两端各侧立一凤，其双足伸踏于上面的凤身之上，凤尾下翘。

厘米，共有 17 件，均为墨玉雕制。小兽头部较扁，鼻子和长眉相接，鼻子较宽，眼睛细长。兽的身体像青蛙，但有尾巴，上曲的尾巴紧贴臀部，四肢着地，形态挺拔。按其形状又可分为两种：一种有八件，玉色较匀净，形体较瘦，头颈稍长，四肢着地。另一种有九件，玉色黑白相杂，体形较肥，下垂的腹部与足部相平。小兽昂首蹲伏，憨态可掬，跃跃欲动。

五、水晶精魂

抛光是玉器加工的最后一道工序，是用较细的研磨料对已经成型的玉器表面进行处理，使其光泽闪现、温润怡人的过程。抛光是玉石加工过程中最费时间的一道工序，往往需要很长的时间。抛光工艺对玉器或玛瑙、水晶表面光润程度的影响非常大，如果抛光不彻底、工艺不细致，就会在器物表面留下牛毛痕迹，影响器物手感的细腻和外观的美丽。尤其是水晶，因为硬度大、透明度高、晶体易碎，所以加工、抛光难度极大。

水晶属于石英族，古称"水玉""水精"，莹如水、坚如玉，晶莹透彻，富有灵性。水晶因晶莹透明、温润素净而被人们视为圣洁之物。水晶制品看上去十分美丽，但是加工制作却相当不易。水晶在矿物学上属于石英族，硬度为摩氏7。天然水晶的结晶形状为六角柱形，硬度大、性质脆，又是高透明体，加工难度很大，水晶的抛光工具稍有粗糙或打磨力度过大，都会使表层留下若隐若现的"牛毛纹"加工痕迹，影响其透明度。

中山国出土的水晶制品表明，当时的水晶打磨抛光技术已经很成熟。中山国出土的最大的一只水晶环（图24）圆边起棱，线条流畅，孔径规整圆润，璧面平滑如镜。这样的水晶环要经过细致的选料、切模，进行精细打磨、超细研磨、精心抛光，才能把表面打磨得如此光洁、明亮、圆润、玲珑剔透。时间和耐心的投入使平滑光洁的水晶不显一丝划痕，纯净剔透、晶莹柔润、光泽内敛，夺人心魄，历经千年仍然熠熠生辉。

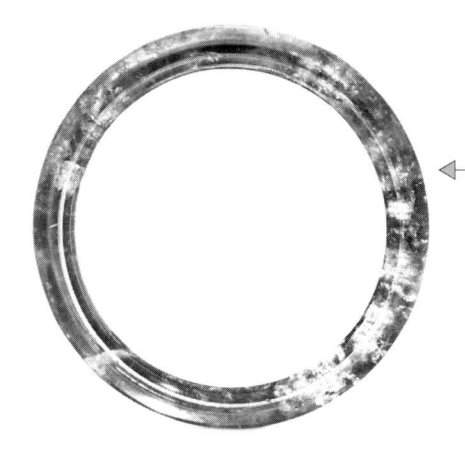

图24 水晶环

直径13.6厘米。

中山王譻墓出土。

非常罕见的大水晶环，环的两面及内外缘均呈棱状，棱边整齐利落，形状非常规整。材质晶莹柔润，环内的冰裂状纹理清晰可见，仿佛一触即碎。

中山王族墓出土的玉器，造型多样、线条流畅、工艺精湛，显示出娴熟的技艺。一件件精美的中山国玉器，线条和纹饰都挺劲流畅、充满活力，充分表现了战国时代狂澜激荡、欣欣勃发的时代精神，也显示出战国中山国奋发图强的气概和唯我独尊的霸气。这些玉器因凝聚了昂扬不羁的战国气韵、中山雄风而成为时代风神的生动写照，成为千古绝唱的艺术典范。这种精神与气概是后世难以比拟的，现代社会即便科技进步、工具发展、工艺先进，但强劲浩荡的中山雄风却再无可复制，昂扬不羁的战国气韵也只凝固于那个特殊的时代。

大国工匠

第十章

一、管理体系

青铜器，在华夏文明中具有独特的地位与作用，它是王权的象征，是尊贵的代表。金光灿灿的青铜不仅实用，而且是敬祀上天和祖先的礼器。

先秦时期，铸造青铜器是国家的重点工程。"国之大事，在祀与戎"，无论是祭祀还是征战，都需要优质的青铜器。

战国时期是社会大变革的时代，生产的发展、思想的开放、艺术的活跃、科技的发展、人性的觉醒，都使工艺美术突破礼制的局限，显示出前所未有的活泼、自由的倾向。这一时期，诸侯贵族所使用的日常生活用器摆脱了商周以来神秘厚重、典雅端庄的艺术风格，变得轻灵活泼、璀璨华丽，富于创造力。

在中山国的历史上，游牧生活时期只重视青铜器的实用功能。进入中原地区后，中山国的统治者们越来越重视青铜器作为礼器的作用，奔放而活跃的北方青铜文化气质与中原地区的文化相互交融，来自草原的活跃生机与华夏文明的敦厚肃穆相互结合，创造出了一批造型独特、工艺高超、装饰华美的日用青铜器，兼具实用性和艺术审美。

对于中山国，青铜器的生产与铸造也是非常重要的国之大事。王䜌一直关心和关注青铜器的铸造，甚至亲自参与设计。

中山国那些充满王者霸气和慷慨雄风的青铜器均有王䰠的影子，他要把自己的精神和意志贯彻到青铜器上，让这铮铮青铜留存千古，让后人见证中山国曾经的荣光与骄傲。

王䰠十四年，是中山国制造青铜器比较集中的一年，在此前一年，中山国伐燕大获全胜，从燕国掠获了大量青铜器，王䰠要把这些青铜器重新熔铸，铸出中山风格、中山气派。

徐敧、郭痤，中山国两位优秀的工匠，他们在捧出自己的得意之作时，是相视一笑的惺惺相惜，还是一较雌雄的当仁不让？

作为中山国官营手工业作坊的工匠，他们的任务就是把每一件作品制作得极致完美。

作为你追我赶的竞争对手，他们都没有想到自己的名字将随各自的作品而变得不朽。

中山国无数件精品文物，每一件都凝结着无数工匠的智慧、创造和汗水。

作为高高在上的王，王䰠对于青铜器的制造有着十分严格的要求。

中山国的青铜器，在战国青铜器中独标一格，光耀千古。时至今日，面对中山国的青铜器，我们依然能够感受到其中蕴含的生机和创造力，能够感受到中山国昂扬不羁的精神意气和他们对生活的热爱。

对于王䰠，一件精美的青铜器可能只是一件豪华的器物；对于工匠，则每一件器物都是他们心血和智慧的结晶。

中山青铜，让我们感受到昔日大国工匠的优秀与杰出；青铜器铭文，让我们记住了那些优秀工匠的名字。

中山国的官营手工业系统，不但生产规模庞大，而且部门齐全，汇集了大量能工巧匠，设立了严密的管理体系，有着严格的管理制度。特别是青铜制造业，有明确的机构分工和人员分工，各部门分工详细，各司其职，管理程序也相当严格规范。

青铜器铭文显示，当时中山国的青铜器制造部门中以"库"最为多见，主要有"左使车（库）""右使车（库）"和"私库"。

中山𰻞墓出土的青铜器中标记"左使车（库）"字样的最多，主要有十五连盏灯、一对错银双翼神兽、5件铜山字形器、细孔流鼎等，推测这应该是中山国官府手工业机构中规模最大的部门。标记"右使车（库）"的器物有错金银四龙四凤铜方案座、另一对错银双翼神兽等。"私库"出现于王𰻞十四年，是中山国设立的专门掌管王室器物的机构。带有"私库"铭文的器物较少，主要有金银狗项圈、包金镶银泡饰、车器等。

此外，青铜器铭文中出现有冶勹、牀麀、兯器等制器部门，名称具有浓郁的中山特色，在战国时期的其他国家尚未发现，应该是王𰻞在位的鼎盛时期设立的部门。其中，"牀麀"和"兯器"是王𰻞十四年才出现的制器单位。

属于"冶勹"制造的器物有铜扁壶、铜匜、铜鸟柱盆。标明"牀麀"和"兯器"这两个机构的青铜器有：嵌红铜绿松石铜方壶、铜铙、错金银虎噬鹿铜屏风座、错金银铜牛屏风座、错金银铜犀牛屏风座等极为精美的器物。以上几件器物只记了生产主管啬夫的名字，未记负责具体生产的工匠的名字，也可能是由技术熟练的啬夫直接生产的。

中山国青铜器铭文中出现有"府"的字样，如𰻞墓出土的错金银铜版兆域图的铭文中有："其一从，其一藏府。"可见府是中山国重要的物品储藏机构。

除了以上的器物监制、制造部门，还有管辖称量、记重的部门。中山国铜器铭文中有很多有记重标识，但具体的重量标记都不是模铸的，而是后来补刻的，未见模铸标明重量的器物。由此可见，器物是在制作完成后，再交由专门部门进行称重，并将称重结果记刻于器。

二、物勒工名

在战国中山国的许多青铜器、金银器和陶器上，都刻有工匠的名字。尤其是重要的铜器上明确标有与纪年、主造啬夫、制造工匠、重量等相关的铭文，体现出典型的"物勒工名"制度。

所谓"物勒工名"就是在器物上铭刻制造者和监工的名字，以方便管理者检验产品质量。"物勒工名"是春秋时期开始出现的一种制度，《礼记·月令》中首次提到了"物勒工名，以考其诚，功有不当，必行其罪，以究其情"。据《周礼·考工记》记载：从春秋战国时期起，就有了对产品质量进行检验的审查制度和明确负责人的质量监督制度。当时已经形成了严密的技术、质量监管体系，每件器物明确专门的部门及工长、工等责任人，层层负责，出了问题相关责任人都要被治罪，对于提高手工业产品质量有重要意义。

战国时期各个大国的官营手工业基本形成了比较明确的人员层级化分工和管理体系，大多实行的是总监造、监造和直接制造者三级管理体制。王𫞩墓出土的青铜器上已经大量出现有明确制造部门、监造者、制造人的铭文，部分金银器、陶器也有制造铭文。

中山成公时期中山国的官营手工业管理系统尚不完备，带有督造铭文的青铜器非常少，目前所见仅在一件双提链耳铜盆上有"左""二十年"的字样，另有一件宽刃铜凿的上部有"公"

字。王䰭时期，青铜器制造才形成了系统的分工和严格的管理体系。

中山王䰭墓出土的错金银铜版兆域图中，有铭文"王命赒：为逃（兆）乏（窆）阔闵（狭）小大之刵"，证明王䰭生前下令相邦司马赒为自己设计修筑陵寝。中山王䰭铜方壶铭文中也提到"中山王䰭命相邦赒，择燕吉金，铸造为彝壶"。可知，中山国的重大铸造、修建工程都是由相邦进行监督管理的。

中山国青铜器铭文中，多件明确其"啬夫"是何人。先秦、秦汉时期啬夫是负责某一方面事务的小吏的称呼，具体名称则依其管理的具体事务而定。中山国出土器物的铭文显示官营手工业作坊中直接负责器物者一般称为"工"，"工"的上一级主管为"啬夫"，是负责技术工作的小吏或工长。如铜鹰柱盆上有铭文"啬夫孙悐，工酉"，十五连盏铜灯上有铭文"啬夫事斁，工弧"，夔龙纹镶金银铜泡饰上有铭文"啬夫煮正，工孟鲜"。有的器物铭文没有显示啬夫，但标明了"工"的名字，如䰭墓出土的3号铜升鼎上铭文为"左使车（库），工纍"。

中山王䰭墓出土有两对错银铜双翼神兽，分别是由不同的工匠制造的。其中一对上的铭文表明，其由"右使车（库），啬夫郭痊、工疥"制造，而另一对上的铭文则表明其由"左使车（库），啬夫孙固、工蔡"制造。两对器物虽然由不同的部门制造，但用的应是同一个设计底稿，所以其形状、神采看上去没有差别，体现出生产的标准性。

三、能工巧匠

不知道当初王䰭对于工匠们杰出的工作是不是有所奖赏。但正是因"物勒工名"制度的存在，我们才记住了那些杰出的工匠。

倘若在今天，中山国这些杰出的工匠也堪称"大国工匠"，会收获许多赞美和荣誉！

正是有这些工匠的创造，中山国的青铜器才具有了精湛超群的气质。中山国的青铜器在铸造工艺和装饰手法方面有很多创新与突破，生产的器物器形精美、纹饰繁复、华美璀璨。

现在，让我们欣赏一下工匠们的代表作。

工匠疥，在啬夫郭痤的监工下制造了四龙四凤铜方案座，这件器物是分铸法的代表性作品。分铸法是将器物的各个部件分别铸成，然后再连接为一体，可以制造出结构复杂的物品，但是需要高超的铸接、焊接、铆接技术。

四龙四凤铜方案座设计格外精巧、结构极其复杂，曾被认为是用失蜡法铸造的，但方案座构件上的多处铸造披缝及铸接、焊接痕迹均表明这件器物是用范铸技术制作的，是"全分铸式法"的代表性杰作。"全分铸式法"是将器物的每个部分单独铸件成型，然后再用铸接、焊接、铆接等方式将分铸铸件连接为一体，是分铸铸接法的极端形式。全器是由78个部件，以22次铸接（36个焊点）、48次焊接（56个节点）成型的，共计使用了188块泥范、13块泥芯。

从总体上看，方案座由底座、龙凤结构和方案框架三部分组成，三个部分可以拆分组合。而这三个部分又分别由众多的小部件组成。方案的底座由两只雄鹿、两只雌鹿承托，雄鹿的鹿角与鹿首间有铸接痕迹，可知鹿角先铸。四只小鹿的内侧有与环状底座相配的弧形凹槽，凹槽上铸有凸出的榫头，恰好插入圆环底侧壁上的小孔内，然后以焊接紧固。

底座圆环上站立四只神龙，龙角、龙舌均是先铸好后，再与龙首铸接，龙体与龙首分铸后再焊接在一起。与龙翼相搭的凤翅与龙身为一体铸造成型，龙足、龙翼、龙身与龙体分别铸造，经铸接和焊接组合为一体。龙足与龙体以铜铸焊，龙身、龙翼、龙尾与龙体以镴焊连接。龙足与底部圆环结合处均有预铸的工艺孔，相配插好后以锡焊连接。四凤的凤足、凤尾和凤身也是分别铸造后锡焊为一体。凤翅与凤身用锡焊连接，凤首之花冠铸造成型后与凤体铸接。

龙头所顶的斗拱与案框为铸接关系，先铸出案框。斗拱部分由横梁、梁下蜀柱和梁上蜀柱组成，从下面的圆柱状榫头倒立浇铸，并完成与方框的铸接。至于各个部件具体的铸型制范、铸造焊接工艺，更是相当复杂，极为精细，难以尽述。[1] 由于运用了极为繁复的工艺，方案座的造型完美实现了设计，铸成的方案座结构精巧、层次繁复，多处连接痕迹不明显，显示出极其高超的技术。

工匠弧，在嗇夫敢的监工下制造了十五连盏铜灯（图25），这盏灯是中山国青铜器结构设计的代表作。此灯的灯座和七节灯架由卯榫组装而成，形状如同一棵茂盛的大树，通高82.9厘米。灯的主干竖立在圆形灯座上，灯座的面上饰有镂空夔龙纹饰，灯座由三只独首双身的猛虎承托。老虎分向两侧的身体支撑住灯座，十分稳固。灯的底座上站立两个仆人打扮的男子，均头梳短发、上身袒露、下着短裳，两人一手捧食、一手正在向上抛撒食物戏逗树上的群猴。灯的底座中心竖立一根圆柱状插座，内插灯的主杆。灯杆自下向上，逐渐由粗变细，过渡均匀。主杆四周伸出七节灯枝。灯的主杆和各节灯枝上装

---

[1] 河北省文物研究所：《䥐墓——战国中山国国王之墓》，文物出版社1996年版，第549页。

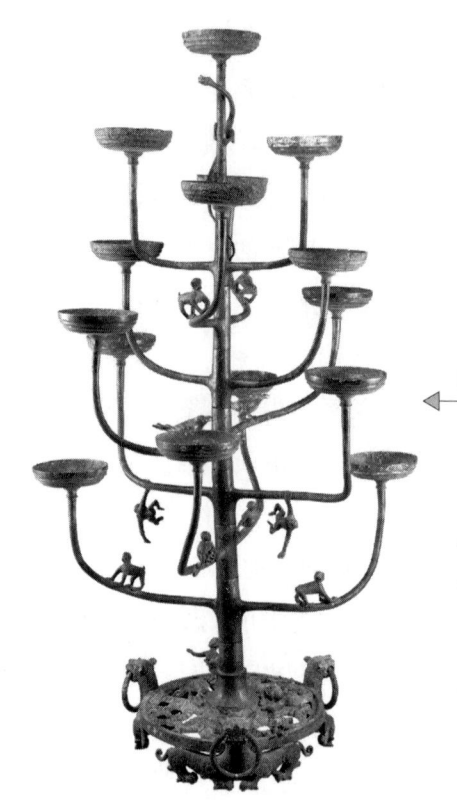

图 25　十五连盏铜灯

通高 82.9 厘米，底径 26 厘米。中山王䂮墓出土。

灯的整体造型仿佛一棵大树，枝头有 15 只灯盘，高低有序、错落有致。树干上有螭龙盘绕，树枝间小鸟引颈鸣叫、群猴嬉戏玩耍，灯的底座上站立着两个正在抛食戏猴的男俑，人物与动物妙趣横生。

饰着攀升的夔龙、鸣叫的小鸟和顽皮戏耍的小猴，小猴有的在树枝间游荡，有的蹲踞在枝条之上，还有的四肢并用向上攀爬，顽皮活泼之态十分生动。战国、两汉时期的连枝形铜灯比较常见，但多数只有树干和灯盏，像这样在一盏灯上装饰这么多妙趣横生的人物和动物的铜灯却是凤毛麟角。

十五连盏灯的整体形状设计十分出色。灯的整体造型是树枝状，共有七节灯架挑出以 15 盏错落分布的灯盘，宛如伸展的枝杈。七节灯架中有六节灯臂均呈三维扭曲，灯臂与灯杆在一个不规则的曲面内，无论是从顶部俯视，还是从侧面注视，15 盏灯盘无一重叠或遮挡，体现出十分精细的工程设计理念。全灯灯盘高低有序、错落有致，足见设计者的工艺匠心。

十五连盏灯结构设计另一个比较突出的方面，是榫卯结构的应用。战国时期青铜器中连接结构和榫卯结构的应用已非常普遍，中山国多件青铜器上的机械活动连接十分巧妙，如譽墓出土的屏风和帐篷构件中有各式各样的铜合页，都由固定端和转动轴两部分组成，中间没有枢轴，只依靠固定端的卯和转动轴的榫相配合，卯榫结合十分紧密，榫充当枢轴，绕之即可转动。十五连盏灯多处运用卯榫结构，便于拆装。各节灯架的卯榫形状各异，易于区分，相邻两节灯架间的卯榫插合紧密，使灯体十分稳固。这种榫接结构，非常便于使用。战国时代这样的设计与制作水平堪称一流，也让后人叹为观止。

工匠酉，在啬夫孙惄的监制下制造了鹰柱铜盆。这件铜盆造于王譽八年，高47.5厘米，盆径57厘米，造型是一只雄鹰站立在大盆中的柱子上。器物由圈足、盆体、圆柱、雄鹰几个部分组成。器物底部是圆形底座，座上有镂雕精致的活泼蟠螭纹，蟠螭纹共分为四组，每组都是口衔圈足的两螭相互盘绕纠结，两螭之间又有一只小螭，身连两边较大的双螭。每两组蟠螭纹之间还伸出一只蜷曲的小虺，两边的螭分别用一爪抓住虺的身体。

盆的下部是圆盘形镂空底座，底座连接束腰形圆柱，圆柱承托大盆。盆内底中间伏卧有一只凸出的龟鳖，龟背上竖有一根圆柱。鳖背中央的立柱下端有榫头插入鳖背及盆底的圆孔中，立柱外有一只圆形套筒，套筒顶部为一只用双爪紧抓住两只纠结蛇头的昂首展翅的鹰，鹰可与套筒一起绕鳖背之立柱转动。这件器物的功能尚在探讨中，从整体形制与结构上看，其类似于中柱盂形器①。中柱盂形器的具体功能有器盖说、灯具说、迅缶②说、防虫蚀用器说、观赏水器说、取水洗浴器说、祭祀摆设器说、随葬礼器说等多种。鹰柱铜盘结构繁复、纹饰生动，不仅是一件实用器，也是一件可供赏鉴的陈设品。

该器物中，器顶的鹰，中部的柱体、盆体、圈足等都是分别先铸造出来，然后由下面浇铅焊住；盆体和圈足也是如此，两部分套接后由下部浇铅焊牢，但从表面却看不出缝隙和痕迹，浑然一体。鳖形饰叠压着背上之立柱，可知立柱先铸成，再铸鳖形饰。鹰与套筒是整体铸成，再套合于立柱之上，立柱秉承了殷商时期中柱盂的铸法。

啬夫毫更，制造了嵌勾连云纹铜方壶，这是战国时期镶嵌工艺的代表性作品，通体纹饰繁复而华美。铜方壶的壶盖纹饰是由嵌镶红铜丝和填蓝漆构成，细线用铜丝，宽处填以漆。壶的通身饰勾连云纹图案，图案以模铸阳纹为主体，凹地处填以红铜和绿松石。通体花纹可以分为四层：

壶的颈部四面纹饰相同，每组又以上下颠倒相叠串连在一起的两个近似兽形纹构成，以镶嵌绿松石衬地，纹饰中嵌红铜丝作为隔线，使图纹形成双线勾边的效果。红铜丝线纹细处为单线，线纹间宽处则盘卷多道紧密填塞其中。

壶的肩、腹部花纹精致而细腻，图案的主体纹线比较宽大，地纹比较细密，纹线上嵌红铜丝作为隔线，在纹地处嵌有绿松石。图案的主体纹路为上下左右相互连接的斜状雷纹，雷纹的纹线出头处形成卷云状，云气弥漫，雍容华贵。

---

① 即内底中央带有空心立柱的盂形器，又称柱盆、空柱盘等，其名称和功能存在争议。
② 外形似甗，中央立有一中空透底的汽柱，柱上端有汽孔，通过汽柱的蒸汽将器内食物蒸熟，相当于现代的汽锅。

圈足部的纹饰，每面为两组折角相对的云头漫卷纹，纹地嵌以绿松石。壶的纹饰细密繁复，工艺精湛，是战国青铜器中综合运用多种装饰艺术的代表性作品。

工匠散，是中山国最为出色的一位，他制造了那三件堪称绝妙的精美屏风座。

在中山国的官营手工业作坊中，技术高超、经验丰富的工师往往被选入"牀麀"和"兮器"两个机构，负责制造供王室专用的器物。如错金银虎噬鹿铜屏风座、错金银铜牛屏风座、错金银铜犀牛屏风座、铜铙等，都是由这两个部门的工匠铸造而成。

中山国官营制铜作坊中优秀的"工"也可以晋升为"啬夫"，如铭文中出现的牀麀啬夫散，在王罍八年是冶勾啬夫启重领导下的工师，制造了铜匜；由铜圆盒铭文可知，王罍十年时他是左使库啬夫事斁领导下的工师，制造了铜圆盒；王罍十四年散即成为新成立部门牀麀的工头，即啬夫，监制了三件屏风座。三件屏风座上的铭文只记了啬夫的名字散，而没有记工匠，也可能是散身兼二职。散在短短几年间的晋升反映了中山国工匠晋升渠道的通畅和其技艺的不断进步。他制造的三件错金银屏风座造型独特，结构科学，工艺精湛，纹饰斑斓瑰丽，是战国青铜器中的杰作，是错金银工艺的时代绝响。错金银虎噬鹿铜屏风座，是屏风底座中最为夺目的一件文物，造型是一只斑斓猛虎正贪婪地捕食一只小鹿，老虎矫健威猛，小鹿柔弱惊恐。老虎的右前爪因捕捉小鹿而悬空，于是借用小鹿的三条腿支撑老虎的头部，保持器物的平衡，构思巧妙。老虎通体错出斑斓的金片和银丝卷云纹，小鹿的身上饰有错金银梅花斑点纹，金黄银白的璀璨与青铜的光华浑然一体。虎背的前、后部，各有一个以山羊头装饰的长方形銎口，銎口内尚存有插屏风的木榫，证明这件器物是屏风中部的底座。两个銎口相交成84度角，安上屏扇后恰为曲尺形。这件器物整体敦厚沉稳，可以稳固支撑屏风。

错金银铜牛屏风座（图26），是屏风插座之一。铜牛浑圆壮硕，腹部低垂，尾巴挺直，四肢粗短有力，憨厚可爱。铜牛周身饰有错金银卷云纹，纹饰以宽银线为主，以细金线勾边，艳丽醒目。牛背上有以山羊头面装饰的銎口，用来插放屏风扇，出土时銎内残存有木榫遗迹。

图26　错金银铜牛屏风座

通长53厘米，高22厘米。
中山王䰠墓出土。
铜牛浑圆壮硕，两耳侧立，两角后倾，口部微张，尾巴挺直，四肢有力。憨厚可爱。周身饰有错金银卷云纹，以宽银线为主，以细金线勾边，艳丽醒目。

错金银铜犀牛屏风座（图27），是另一件屏风插座。犀牛身躯肥硕，四肢粗壮，头顶、额部、鼻部各有一角。犀牛的全身用黄白相间的金、银宽双线错出卷云纹，卷云纹用金银宽双

图 27　错金银铜犀牛屏风座

通长 55.5 厘米，高 22 厘米。

中山王䰭墓出土。

犀牛身躯肥硕，双眼圆睁，长尾挺直，四肢粗壮；其头顶、额、鼻上各有一角，全身用黄白相间的金、银宽双线错出卷云纹，简约而华丽。

线勾勒，线条简练，黄白相间，华丽明艳。犀牛背上也有以山羊头面装饰的銎口，用来插放屏风扇。

　　三件器物不仅造型完美，而且金银错工艺十分精湛。金银错，就是利用金银良好的延展性，将其装饰于青铜器的表面。从出土器物上看，古代的错金银工艺包括嵌错与鎏制两种形式。三件屏风座上的错金银纹饰瑰丽斑斓、美不胜收。这三件器物中，动物身上的纹饰不只追求图案美、起装点作用，还具有塑形作用。如错金银虎噬鹿铜屏风座，虎身各处用金银错出的纹饰充分结合了虎的动作、姿态，成为形体塑造的重要手段。虎的头、颈、背及尾部都用大块金片错出纹饰，装点出虎的雄威，颈背相连处和臀部的大型勾连云纹增加了虎的壮硕之态与动感力度，老虎斑斓的皮毛、虎颊上坚硬的咬肌、肩胯处扭动的关节、弯曲的脊柱，都通过不同形状的金银镶嵌线条来表现。这种装饰与塑形相互融合的错金银工艺手法是中山国动物形错金银器物的又一特色。

在当时的中山国官营手工业作坊中，应当聚集了一大批像斆这样的优秀工匠，所以中山国才能为后人留下许多件构思奇特、工艺高超的精美青铜器。

四、谁的杰作

中山国王族墓出土了大批精美的青铜器，反映出其高超的铸造技术。但是，有一些重要的青铜器上铭刻了制作工匠的名字，但大部分青铜器没有标明工匠的名字，在时光中不朽的只有他们的作品。

王䜟墓出土的四件青铜铙，铙壁内外均有极其细密的纹饰，堪称一绝。但是因器物上啬夫的名字缺损不辨，其制造者是何人已不可知。

铜铙外壁的外围纹饰为云雷纹和兽面纹，富有神秘感。中心部位主体纹饰为凸起的一大一小两条蟠虺，两条虺纹相互纠结，配以云雷纹，有的云雷纹压在虺体之上，仿佛虺正在浓密的云雷中穿行游动，十分生动。器的内壁以雷纹为地，上饰变形蟠虺纹。如此细密的纹饰也无法模印，专家们据此推断，形成铙内壁纹饰的铙芯，是在塑制成型后半干状态下直接阴刻出来的。铜铙表面的纹饰，则是在范上直接阴刻而成。如此细密的纹饰，反映了中山国高超的制范工艺。

这四件铜铙上的花纹大同小异，花纹皆为模铸，每毫米有两条以上纹饰线，线条需用放大镜才能看清。然而如此精细的纹饰，花纹上下叠压的层次关系表现得十分清晰，尤其是其腔内也布满纹饰，工艺之精湛难以尽言。

铜铙上的蟠虺纹是中山国青铜器纹饰中常见的图案。蟠虺纹盛行于春秋战国时期，由众多盘曲的小蛇形象构成。中山国以蟠虺纹装饰的青铜器比较多，如中山王䰼墓出土的铜筒形器上遍饰变形蟠虺纹，并衬以细雷纹地。平山县访驾庄出土的蟠虺纹铜剑，剑柄通体以缠绕纠结的蟠虺纹铸成，纹饰为镂空效果，并镶嵌有绿松石，工艺精湛。中山王族3号墓出土的六博棋盘上的蟠虺纹是主要装饰纹饰，其他石刻板上也有大量蟠虺纹。

中山国青铜器不但造型独特、纹饰丰富，而且对镶嵌技术的运用也炉火纯青。

春秋战国时期青铜镶嵌工艺空前发展，镶嵌材料更加丰富多样，绿松石、红铜和金银等材料的运用，使得铜器表面显得华丽璀璨。"镶嵌绿松石的工艺，在殷（商）和西周的兵器上出现过，但是施用到大件铜器上，也是战国中期以后发展起来的。"[1]那些镶嵌精美的青铜器，虽然不知道工匠们的名字，但是其工艺却同样让人心生敬仰。

中山国文物中镶嵌绿松石的器物非常多见，绿松石的嵌饰方式有多种不同形式，其中最为常见的是在器物上所装饰动物形象的目、鼻、口等部位镶嵌绿松石。如唐县北城子出土的蟠虺纹兽首流嵌松石铜匜，器身硕大，造型浑厚，生动而有气魄。匜的流口为兽头状，双睛镶嵌绿松石，兽口张开形成流口。唐县钓鱼台战国初期墓出土的嵌绿松石虎形金饰片，为镶嵌在衣物上的饰件，具有浓郁的北方游牧民族特色。饰片中塑造的小虎低头垂尾，四肢弯曲做行走状，形象稚拙可爱。金黄的虎身上嵌有翠绿的松石，色彩明丽，富有极强的装饰效果。

红铜镶嵌就是将铜制成极薄的片，镶嵌在铜器表面，春秋中期已有较高水平，到战国早期比较流行。中山国的红铜镶嵌

---

[1] 杨宽：《战国史》，上海人民出版社2016年版，第101页。

技术在战国早期就已十分高超，主要镶嵌于铜豆和铜壶上。新乐县中同村出土的错铜鸟兽纹铜壶的红铜镶嵌技术十分高超，该铜壶通体布满纹饰，纹饰均采用错铜工艺，器身花纹分为五层，依次为：飞鸟踏兽纹、卧鹿纹、蟠龙纹、鸟兽纹、奔鹿纹。每层的八组图案又两两对称，层次分明，精美绝伦。[①]

中山国掌握了较高的青铜器制作工艺技术，礼仪用器雄健豪放，生活用具奇巧瑰丽，错金银器光彩斑斓，动物造型惟妙惟肖，显示出高超的铸造工艺，散发着浓郁的时代特点。制造这些青铜器的工匠，无论是留下姓名的，还是没有留下姓名的，都以自己的努力共同创造出独具特色、精美绝伦的中山国青铜艺术。这些青铜器不仅融合了深远博大的华夏文化，也保留了部分北方游牧民族的艺术特色，是战国时期青铜器中灿烂的时代之光。

---

① 张丽敏：《错铜鸟兽纹铜壶赏析》，《文物春秋》1997年第2期。

第十一章 王陵建设

一、千古一图

错金银铜版兆域图（图28），这是千古一图，是王䜣非常满意的一件设计图，也是中山国青铜器中最受王䜣关注的一件。因为，这张图关系着王䜣永久的安归之处。

图28 错金银铜版兆域图

长96厘米，宽48厘米。

中山王䜣墓出土。

为中山王䜣陵区的建筑规划图，图版的中心部位用金片嵌出五个享堂建筑的轮廓线，享堂的外围用银丝标示墓的封土底边——丘趺，再向外用宽银片嵌出二层宫墙轮廓线，其中内宫垣的北部标有四个附属性建筑。该图版是迄今发现的世界上最早的有比例的铜版建筑图。

人生一场，总要归去，哪怕是帝王，也难逃时间的控制。

既然总要落幕，帝王总是提前营建归去之后的"住所"。那个住所，也许比他生前的更为重要。因为在红尘里，人们大多不过穿行百年，而后便是永远地归去。所以，地下的住所可能是每个人更永久的归处。

王䰽一向富有雄心，他的雄心也体现在对自己陵园的建设上，体现在这千古一绝的兆域图的设计上。

䰽命令相邦司马赒具体负责王陵的督造，并将这命令铸造在兆域图上：陵墓规划各区域的尺寸已经确定，按此标准实施。按照律令，擅自进入陵园者，死罪不赦。不遵从王命的人，要罪及子孙。这条命令，语言精练而准确，语气中透露出权威和严憺，显示出王权的至高无上和不可违背。铭文字体扁方、布局严谨、刚劲健硕，表现出深厚的书法功底。兆域图长96厘米，宽48厘米，厚0.8厘米，重达32.1千克，表面平整、没有焊接痕迹，为一次铸造成型。图版背面中腰部位两侧各有一兽面衔环铺首，兽面也与铜版一起铸成。在当时的条件下，如此大的铜版一次铸造成功，而且表面平整，需要非常高超的铸造水平。

图的表面共标有各种文字注记33处，数字注记38处，标注文字及诏命均为凸铸阳文。另外，图中用金线或银线标出各建筑的轮廓、尺度，并以线条的粗细区分建筑的不同功用或重要程度，规划科学、标注准确、布局得当、形式美观、比例恰当，反映出相当高超的建筑设计水平。

在君臣的共同努力下，陵园的设计图完成了，并完美地铸造在铜版上。为了保险起见，这张图铸了两份，一份从葬，一份藏于府库，现在保留下来的是从葬的一件。这张设计规划图，使后人得以了解王𫲨陵园的宏大设计。

二、风水宝地

王𫲨的祖父桓公和父亲成公都是安葬在灵寿城城内的。

城内墓葬区位于灵寿古城西城的北部，正好处于东灵山的山脊延长线上。王陵区的四周有垣墙，因四面垣墙的包围，陵区形成一片独立的区域，显然是经过规划设计的。

王𫲨祖父桓公的墓葬，位于灵寿城的北部偏西、近西城垣处，临近城中的制高点——小黄山。桓公墓墓丘现存覆斗形夯筑封土，顶部原有享堂建筑，尚能在其周围见到残瓦遗迹。墓丘前有夯筑平台，下有一个外藏坑、两个车马坑。

在桓公墓西南方向的一片台地上，是中山成公的墓葬，也是城内王陵区规模最大的一座。成公墓东侧有两座陪葬墓，西侧有一座陪葬墓，南墓道两侧有对称分布的两座车马坑。

成公墓西侧150米处有一处中山王族墓地，自东向西排列有三座中型墓葬，考古编号分别为3、4、5号墓。三座墓上原有夯筑封土，其中3号墓的墓葬规模、陪葬墓和车马坑面积以及殉葬车马数量等都是最大的。

城内的几座王陵虽然相对独立，但也有统一规划。从总体排序上看，先代国君的陵墓在北，下代国君的陵墓建于其南面略偏西的位置，这与中原地区先王居中、子孙以昭穆之序左右排列的次序有明显不同，是颇具特色的丧葬文化。

在我国古代，王陵不仅是帝王去世后下葬的地方，而且是帝王尊贵身份的象征，是国家礼仪的一种体现。所以王陵在选址、规划、设计等方面都要经过周密的部署和安排。

商周时期，王室及诸侯国君逝后往往集中埋葬于同一墓地。

春秋战国时期，以一代国君为中心的"独立陵园制"创立并发展起来，各国历代国君都拥有独立的陵园。各陵园中的陵墓规模宏大、设施完善，实行独立而专门化的管理。王陵多以一座王墓为中心，在其两侧或周围有按照身份高低或亲疏远近排列的中小型陪葬墓。

王譽继位后，中山国获得了空前的发展，国势达到鼎盛，并与魏、韩、燕、赵四国共同称王。作为一代雄主，他的雄心和霸气也要通过修建陵墓表现出来。但位于城内的王陵区内，其祖父桓公、父亲成公的墓葬和几座贵族墓占据了较大的空间，已没有多少可以发挥的余地。

于是，王譽考虑在城外另辟陵区。他需要更大的空间来显示他的雄心和他的成就。

王譽和他的臣子们勘察了城外的地形，他要为自己选一片风水宝地。

最终，王譽选择在西城外的西灵山脚下修建陵墓。

这片陵区虽然位于城外，但隔着西城垣与城内的陵区遥相呼应。灵寿城内的王陵区位于东灵山脚下，城外的陵区则位于西灵山的山脊延长线上。从整体上看，两片陵区分别以两座山作为高大背景，显示出对自然山势的依凭。陵区总体地势北高南低，再加上陵墓的层层高台、巨大封土，远远望去十分壮观。

三、宏大陵园

选好了陵墓的位置，只是第一步。接下来还要进行王陵的设计规划，才能开始建造。

在古代，君王的陵墓都有专门的规划设计，并有专人督造。《周礼·春官·宗伯》："墓大夫掌凡邦墓之地域，为之图。令国民族葬，而掌其禁令，正其位，掌其度数，使皆有私地域。"也就是王墓的设计，要首先制作一张兆域图。

而王䁐为自己制作的这张兆域图堪称豪华，这张图就是那件著名的错金银铜版兆域图，这是王䁐墓椁室遭到盗掠后幸存的唯一重要文物。王䁐墓在历史上曾被盗，根据盗洞内遗留工具的年代判断，盗掘大约在战国晚期已发生。盗墓者离开时对椁室进行了放火焚烧，使未被盗走的物品也付之一炬，墓顶封石大都塌陷至墓室。填充墓室的巨石、卵石压下来，使这件兆域图遭到压砸，出土时严重扭曲变形，表面还粘有灰烬、碎石，面目全非。后经文物修复人员的精心修复并清除灰烬和铜锈，这件珍贵的文物才得以再现真容。原来，这件看上去不起眼的铜版，就是王䁐陵园的建筑规划图。

中国古代的制图起源很早，但古代户籍和土地之图，大多制于木版上，所以未能保存下来，所幸中山国的兆域图留存下来，让我们得以了解战国时期的制图情况。

兆域图设计建筑的名称显示，图上规划的建筑是"堂"，而不是"墓"。所以，这件图版可以看作是中山王䁐陵园的建筑规划图。

从整体布局上看，兆域图的规划主要分为五大部分，主体部分是中山王䁐及其后妃的五座堂，其外围是主体建筑下的高台，并以丘埮为边线，丘埮的北侧有四座承担祭祀、清洁、用品管理和护卫职责人员的宫室，再向外则有内宫垣、中宫垣两层围墙。

图版中心部位用金片嵌出五个正方形享堂建筑的轮廓线，每个堂均说明其空间、面积及与相邻堂之间的距离。图版中心为"方二百尺"的王堂，与王堂间距"百尺"的左侧为"方二百尺"的哀后堂，王堂右侧与哀后堂对称位置是王后堂。距哀后堂和王后堂"八十尺"的两侧，分别有一个"方百五十尺"较小的夫人堂。享堂的外围，是用较细的银线错出的墓的封土底边轮廓。轮廓平面总体呈横长的"凸"字形，东南角、西南角分别向内折，周圈共有八处注明"丘跂"字样，并标明了与丘跂与王堂、哀后堂、王后堂、夫人堂外侧的距离。

丘跂再向外，是用宽银片嵌出的"内宫垣"，平面呈长方形，周圈有七处标明"内宫垣"字样，丘跂与内宫垣之间有文字标明其间距。内宫垣南部正中有标明"门"字的阙口，内宫垣的北部凸出位置，自东向西依次等距分布有四处宫室，其平面均为正方形，大小相等。在四座宫室与中宫垣相接处正中均开有门，通向陵园内部。从其名称来看，诏宗宫为主管祭祀礼仪之官的处所、正奎宫应为主管清洁之官的处所、执帛宫是主管祭祀用品之官的处所、大将宫为看守陵墓之将的处所。

在内宫垣的外围，是以更粗的银线镶嵌的中宫垣，周边有七处注明"中宫垣"字样。中宫垣的南部正中位置，开有一处门。内宫垣与中宫垣之间，也有文字标明二者的间距。

兆域图标注的尺寸基本合乎比例，经推算得知图版的比例为 1∶500。

兆域图上没有明确标明方向，但是通过地图图向与墓葬建筑遗存的实际对应关系，可以推断出其方向为上南下北、左东右西。

错金银铜版兆域图是迄今发现的世界上最早的有比例的铜版建筑图，也是我国已经发现的最早的建筑平面规划图，为研究我国古代陵园建筑和建筑图学提供了珍贵而准确的资料。

兆域图的整体建筑规划，体现出严格的等级观和秩序感。

建筑规划整体上呈中轴对称的布局，罍的王堂是中心，位于中心轴线上。从图中设计可以了解到，当时中国的建筑规划已经有了明确的中轴线概念，并通过建筑物不同的标高、体积、对称布置来突出主体建筑。

据《礼记·檀弓上》记载，自周公始实行夫妇合葬，但是大型墓室不适宜多次出入，所以往往夫妇并不同穴，王与王后只是并穴而葬。哀后堂和王后堂分别在两侧与王堂并列，夫人堂不仅体量上较小，而且整体位置向后移，显出地位的低下，也凸显出王堂和哀后堂、王后堂的尊贵。

铜版兆域图显示，王堂和哀后堂、王后堂虽然在规划图上尺寸相同，但对比实际建成的罍墓和哀后墓发现，哀后墓的地面略低于一号墓，表现出王与后等级上的一定差别。

这件铜版兆域图，规划科学、布列有序、尺寸精确、方向明确、比例精准，具备"制图六体"，反映了战国时期高超的建筑规划水平和制图水平。王罍墓陪葬的兆域图中，设计了王后堂，但是在实际考古发掘中并没有发现王后墓，推测王后并没有在此下葬。王后堂、两个夫人堂、四座宫室和两层宫垣都没有建筑遗迹，大概未及建成，中山国就灭亡了。

四、独特墓葬

选好了地址，设计好了规划，就要开始建造了。

王罍墓的墓室建设既反映了战国时期的墓葬特点，也具有相当大的独特性。

罍墓是中山国王族墓葬中最大的一座，为"中"字形积石墓，由南北墓道、墓室、椁室和东库、西库、东北库组成。其南墓道南侧自东向西分别排列1号车马坑、2号车马坑、杂殉坑和葬船坑，其中1、2号车马坑在南墓道两侧对称分布，在2号车马坑外侧是杂殉坑，再向外侧的西墓丘外的低下处是狭长的葬船坑，葬船坑的北部连接109米的长沟，其位置与布局显然是经过规划设计的。

罍墓周围共有六座陪葬墓，墓的头向都朝向罍墓，有众星捧月之势，墓主人应该是罍的嫔妃。根据墓葬的位置及墓中出土的随葬品，大致可以推断出墓主人身份的高低和受宠爱的程度。

中山国的墓葬习俗中比较有代表性的是石构墓形式，与当时中原地区流行的以土坑竖穴、木质棺椁为主要的墓葬形式形成鲜明对比。春秋时期中山之地的墓葬普遍有积石的葬俗。战国中晚期的石构墓葬俗逐渐式微，土坑竖穴、木质棺椁逐渐占据主导地位，积石转化为上层墓葬的防盗、防潮措施。罍墓和成公的墓葬都是积石墓。

从总体上看，罍墓的墓室分为地下部分和地上部分，地上部分夯筑而成，规模较大。该墓为春秋战国时期流行的竖穴土坑木椁墓，墓圹平面为方形，剖面为上大下小的倒梯形，整体上呈上宽下窄的斗形。墓室结构自下而上可分为三层：最下层是椁室，为向下挖掘的深坑，深8.2米，上部为夯筑，下部凿于岩石层中；再上一层是椁室两侧用以存放陪葬品的东、西和东北三个库室，直接在夯土层上挖掘而成，开凿较浅；最上面一层是地上墓室，墓室四壁夯筑而成，向外延伸与陵台连为一体。墓室上面有高大的封土，其上建造王堂，增加了墓室承受的重量，因此墓室以夯土填实。

罍墓椁室位于墓室中部，平面大体呈亞字形。墓室圹内四周积石，四壁系用大小不一、形状各异、质料不同的较大石块垒砌。石块有的经过粗略加工，呈方形或长方形，有的未经加工。积石以内为积炭，其中大部分已燃烧成灰，只在清理积石时发现石头缝隙间有残存的木炭。从棺位的八个长方形铜垫和棺椁上、下铺首的排列情况看，应为二棺二椁。

中山王䰜墓与中山成公墓的独特之处，在于"库室"的设计。库室在战国大型墓中并不多见，在已发掘的中山国墓葬中也仅䰜墓与成公墓两座大墓葬设有库室，属于极其罕见的一种王墓形式。两墓的库室均开挖在椁室的同层平面上，但深度仅为椁室的一半。䰜墓有三个库室，成公墓有两个。䰜墓的三个库室分别为东库、西库和东北库，三座库室均不与椁室连通，均在夯土中开坑，坑内有木板制成的黑漆椁箱，箱子上盖有苇席，库室最上面还铺排圆木作为盖木。王䰜的许多珍贵随葬品都埋藏在库室中，成公墓发现的珍贵文物也基本出土于库室。当年赵国消灭中山国后曾大肆挖掘中山王陵，但因不知库室的存在，其中埋藏的宝贵文物才躲过了劫掠，才使我们今天能够欣赏到中山国的众多文物珍品。

五、高大享堂

王䰜墓上有高大的封土，封土是用黄黏土夯打而成，虽经2000多年风雨的侵蚀，仍旧屹立不倒。

春秋以前有"不封不树"的习俗，春秋战国之际，以宗族为单位的墓葬制度开始被以家族为单位的墓葬制度所取代。因棺椁的层数多，随葬品的数量大，墓室需要扩大并填以大量石料和木材以加固，遂将挖出来的大量泥土堆成高大的坟丘。因此，华夏地区逐渐流行坟丘式的墓葬，统治者的墓葬尤其堆筑出高大的封土式坟丘。战国中期以后，把君王的坟墓比作崇高的山陵，君王的坟墓开始称"陵"。

受礼制观念的影响，墓上封土的高低、体量的大小与墓主人的身份直接关联，墓主人的地位越高，封土就越高大。古灵寿城内外的大型中山王族墓地上面都有高大的封土。中山王𰯼墓和哀后墓封土的下部为陵台，两墓墓前的平台，从外观上看连成一片，比较开阔。王𰯼墓的墓丘封土外观上呈金字塔形状，"因造田工程从后部和两侧取土，所以大部分遭到十分严重的破坏"。

王𰯼墓的封土遗迹，发掘时最高处约15米，顶边长约18米，底部东西边长约90米、南北边长约100.5米。墓丘南侧夯筑的封土台壁做阶梯状，借着地势可大致分为五级。王𰯼墓的墓丘封土台，实际上是地上王堂、地下墓室共用的。从地下部分看，它是墓室的扩展。从地上部分看，它是最上层台榭建筑（享堂）的台基。"这是在古墓发掘中初次见到的一种特殊结构形式的墓丘。"① "由于这里地势北高南低，加之两墓前衬托有层层起筑的平台，更显得高大壮观，尤其是灵山列于后，滹沱河奔腾于前，气势非凡。"②

春秋战国时期，台榭建筑盛行，统治者为了显示建筑的高大，常夯筑高大的土台，在台上逐层建屋，层层高起。𰯼墓的第一层台阶夯土平台内侧为散水，第二层台阶为底盘台基，第三台阶是王堂台榭建筑的夯土台面。王𰯼的享堂即为建在高大封土上的带回廊台榭建筑，散水、两层回廊与最上部的殿堂总共四层，加上墓丘前的五层夯土平台，总计九层，正合九层高台之数③。发掘时陵墓的建筑遗迹已保存不多，只在封土东、

---

① 河北省文物研究所：《𰯼墓——战国中山国国王之墓》，文物出版社1996年版，第11页。

② 河北省文物研究所：《𰯼墓——战国中山国国王之墓》，文物出版社1996年版，第11页。

③ 河北省文物研究所：《𰯼墓——战国中山国国王之墓》，文物出版社1996年版，第22页。

西、南三侧底部保存有少量建筑遗迹。从建筑遗迹推测享堂可能为进深、面阔为五间的殿堂。

中山王𫲨墓享堂上所使用的瓦件形制巨大，享堂遗迹发现的2件大型板瓦，长94厘米，大头宽55.5厘米，小头宽50厘米。发现的大型筒瓦，长90厘米、宽20—23厘米（图29）。发现的9件瓦钉饰通高41.5厘米，宽24厘米，整体造型别致美观，流线设计曲直有度，变化中富于协调。发现的圆形瓦当15件，直径约20厘米。大规格的瓦件，也证明了昔日建筑的恢宏。

▲ 图29　带瓦钉饰筒瓦

关于墓上建筑的用途，现在比较流行的说法是"享堂"，以杨鸿勋为代表的学者认为其为祭祀墓主人所作；杨宽则认为先秦墓上建筑是"陵寝"的"寝"，用于供奉逝者，所谓事死如事生。

𫲨墓的陵园并没有按设计完成，虽然兆域图显示了𫲨墓的规划全貌，其独特的设计与规模的宏大，也透露了王𫲨称雄的野心，但"其兴也勃焉，其亡也忽焉"。王𫲨去世后，中山国国势渐衰，自公元前307年开始，赵武灵王接连发动了对中山国的进攻，兆域图设计的陵园规划并没有能完成，晚于王𫲨亡故的其妻妾可能只是挖开高大的陵台草草下葬。公元前296年中山国被赵国所灭后，其国君𧊻鿃逃奔齐国，赵国扶立的傀儡国君尚一年后被迁往陕西肤施，两位末世君主殒命他乡，中山王族陵园的建设永远画上了句号。

第十二章 中山国的女子

一、哀后之殇

哀后墓，高高的封土，经历了2000多年的风雨，依旧屹立。

墓中埋葬的女子，在历史的长河中只是一粒倏忽而过的微尘。

时空幽邈，我们已无从知道她是谁家女子，有着怎样非凡或不凡的经历。

但是，作为在群雄间纵横捭阖的战国中山国最有作为的国君——䓨的王后，她已经与众不同。

她"哀后"的名号，见于王䓨墓出土的错金银铜版兆域图中的"哀后堂"。图上的设计显示，哀后墓享堂的规格与王䓨的是相同的，均"方二百尺"。从其名字可以推测，哀后是先于王䓨去世的，而陵园设计规划时则给予了她相当高的礼遇，䓨墓另一侧的王后堂的规格标明"其葬视哀后"。

王䓨少年继位、雄心勃勃，在流行以缔结"秦晋之好"的婚姻关系促进国家之间联盟的春秋战国时代，少年英雄的䓨不会不为自己选一位能够有助于他称雄的王后。

那哀后可能是哪国的女子？

她也许来自魏国。中山国在早期历史上就有与魏国结姻的先例，虽然那时还是魏国为控制中山国而做的安排。虽然在战国初期称雄一时之后魏国的霸业渐衰，但是魏国曾长期占有中山国，对中山的政治、经济、文化产生了深远的影响。战国后期的魏国虽然势微，但是如果中山想抵抗邻近的赵国，那与魏国联姻则是个不错的选择，这样魏与中山便对赵国形成了南北夹击之势。

她可能来自赵国。尽管赵与中山因为历史的宿怨和国土相邻而龃龉已久，相互之间的摩擦和战争不断发生，但与赵国借联姻实现形式上的和解对于中山国的发展不无裨益，这种例子在春秋战国时期也屡见不鲜。当年赵简子为了蒙蔽与结好代国，就曾把自己的女儿嫁给代王。

她或许来自韩国。在三晋诸国中，韩国的势力是最弱的，与魏、赵两国的关系也是面和心不和，而且因为领土的纠纷相互之间多有矛盾。但韩国与中山国几乎没有发生过正面冲突。娶一位韩国的女子，对于中山国来说，可以借以平衡其与赵、魏的关系，形成对两国的牵制，也可以在受到两国进攻时为自己找一座虽不强大但尚可依凭的靠山。

她或许来自燕国。作为中山国的北部邻国，燕国的势力一直不算强大，在诸侯称雄中难领风骚，其周边又有东胡、楼烦等具有强大战斗力的游牧民族环伺。与南部的中山结一时之好，对于燕国来说，不失为一条策略性外交手段。中山国也能借此稳固北部边防，从而全力对付西、南面来自赵国的进攻。

她又或来自齐国。中山国在太行山东麓立足、建国、发展都受到了齐国或明或暗的支持，因为齐国在战国后期渐趋衰落，春秋时期称霸的雄风难以再现。齐国心有不甘又难以雄起，便想利用中山来牵制赵国或魏国，避免这两个邻国因过于强大而对自身造成威胁。

她抑或来自楚，或许来自秦。在那样的乱世，女人在很多时候充当了政治的牺牲品。即使出身贵族的女子，也往往被当作政治的筹码。

她一定也有过青春年少的如花美颜，她应该也有过对未来生活的无限憧憬，她想必也曾对爱情和郎君充满了一个小女孩的梦幻想象。

当王礐遇见她，也许有一见钟情的心动与喜悦，或许因背负了政治阴影而难以释怀。那些细微的情丝和深沉的心思，都在历史的洪流中被冲刷得一无影踪。在漫长的历史长河中，个人的情感与心事往往微不足道，更难觅踪影，哪怕是帝王或后妃。

但是，一个"哀"字的确表达了对逝者的惋惜与追思。王礐去世时正是英年，哀后比礐的去世还要早，那么应当是殒命于花一般的青春时节。

也许亘古太行目睹过她的婀娜影姿，也许漾漾滹沱照临过她的灿烂容颜，但是她留给历史的只是一座高高的封土。

而这墓上高高的封土也无言宣示了她的身后哀荣。

那些曾在中山后宫争宠的或阴姬、或江姬，都消逝如烟，只有她以一座庞大的墓葬显示着存在的力量。

2000多年的时间里是什么陪伴了她的长眠？

漫长的岁月里可有什么惊扰过墓中的宁静？

厚厚的封土，隐藏了很多，让我们猜测！

高高的封土，昭示了很多，让我们遐想！

二、后宫争宠

哀后，表达了王礐心中的一份悲哀！

哀则哀矣，高高在上的王，宫中永远不缺想上位的女人。

在中国古代，与天下之主"王"的称号相伴的，是后宫之主"后"。

在一国之中，"王"是至高无上的，拥有生杀予夺的大权，而"后"也象征着母仪天下的尊贵和威仪。

生为一个女子，能够成为王的女人，能够成为王众多嫔妃中地位最高的那一位，是多少女子梦寐以求的目标。

但是，在追求这个目标的路上，就不仅是美貌与温柔的竞争，而是涉及各种套路、手段，甚至阴谋。

任何一个有为的国君，都希望有一个安稳的后宫，都不希望看到美女们在后宫的争斗。但是，在一个君王可以拥有众多姬妃，而王后的位置则只有一个的状况下，在充斥着美女与心计的后宫中，争斗又在所难免。

王𧥣的哀后和新任的王后之间曾经有没有故事，已经被历史的尘埃深深地掩埋。但是，在中山国王宫中所发生的妃子争宠的史实，却被记录下来。《战国策》中有关中山国的内容总共只有长短不一的九章，但是却有长长的一章用于描写中山国后宫中嫔妃的争宠伎俩，其间的曲折与阴谋肯定是王𧥣所不愿意知晓的。

故事并没有指明所讲的是中山国哪位国君的姬妾，但是故事的主人公之一是司马相邦。司马相邦是中山国的三世老臣，中山成公立后他不一定有机会参与，那么这位中山王不是王𧥣即是𧥣的儿子。

故事当中，中山王宠爱两个贵妃，阴姬和江姬。她们明争暗斗，都想做王后。权谋大臣司马相邦看出两妃争宠的情形，便暗中使人向阴姬的父亲致意，告诉他：想当王后可不是容易的事情，如果做成了王后，就可以得到封地和子民；如果做不成，恐怕连性命都难以保全。要想成功，何不请微臣？阴姬的父亲跪拜叩头，表示：事情成功，一定要好好报答。

于是，司马相邦上奏中山王，说自己已经有了一个"可使本国强盛，邻国衰弱"的计划。中山王很高兴地问他是何妙计。司马相邦说："我愿意出使赵国，观察那里的地理形势、人民的贫富、君臣的好坏及敌我力量的对比，眼下还不能一一陈述。"于是，中山君就派他出使赵国。

司马相邦见到赵王，说："我听说，赵国是天下擅长音乐并出美女的国家。但现在我来到贵国，进入城邑，观赏民间歌谣风俗，也看见了形形色色的人，却根本没有见到天姿国色的美女。我曾周游各地，从没有见过像中山国的阴姬那样漂亮的女子。不知道的，还以为是仙女下凡，难以用言语描述。她的容貌姿色绝对超出一般的美女，其眉目极其俊秀、天庭饱满，真乃帝王之后，绝不是诸侯的嫔妃。"

赵王被他说得心旌神摇，高兴地说："我希望能得到她，怎么样？"

司马相邦说："我私下看她那么漂亮，嘴里就不知不觉地说出来了。您如果要想得到她，这可不是我敢随便说的，希望大王不要泄露出去。"

司马相邦告辞而去，回来向中山君报告说："赵王不是个贤明的君主。他不修道德，却追求声色；不喜欢仁义，却追求勇武暴力。我听说他竟然还想得到阴姬。"

中山君听后很不悦，司马相邦却接着说道："赵国是个强国，他想得到阴姬就一定要得到。大王如果不答应，那么国家就危险了；可是如果把阴姬给了他，又不免会被诸侯耻笑。"

中山君说:"那该怎么办好呢?"司马相邦说:"大王可以立阴姬为后,以此断了赵王的念头。世上还没有请求得到别人王后的,即使他来要,邻国也不会答应。"

于是,中山王就立阴姬为王后,赵王只好放弃了求得阴姬的念头。

阴姬因求助于司马相邦成为了王后,中山王因封后而保住了爱妃,司马相邦为助阴姬封后在赵国和中山国之间翻云覆雨、搬弄是非,却也因此成为新王后的恩人!

中山王只以为自己靠封后保住了美人,焉知其背后却是后宫争宠的黑幕、权臣误国的欺诈,更为严重的是因此引得赵王垂涎未咽,从而心怀怨恨,更加虎视眈眈。

饶有趣味的是,在《战国策·中山策》中又有阴姬为难三世老臣司马相邦的记载。虽然没有说明阴姬是如何为难司马相邦的,也没有说明是在立后之前,还是在立后之后。阴姬如果是封后前为难他则是向相邦施加压力;如果是如愿成为王后又为难他,则表明阴姬上位后并没有对恩人进行报答。那么,两人之间的故事也颇让人浮想联翩。自古为了个人利益抛却国家利益和道义情分者有之,得意便猖狂者有之,恩将仇报者有之,共谋作祟后反目成仇者亦有之!

三、不让须眉

中山国秉承了游牧雄风,女子也多英武。中山国的后宫,也一定有勇武的女子。

𰻞墓的1号陪葬墓中出土了一件白玉质的玉韘,制作精美,上面雕有供勾弦的棘齿。韘,俗称扳指,是古代的射箭用具,套在拇指上用以勾弦。1号陪葬墓是距离𰻞墓主墓室最近的一座墓葬，墓中出土有多件精美的玉器，其中有中山国最大的龙形玉佩（图30），说明墓主人是王䎐的宠妃。该墓中出土玉觽，说明墓主人也喜射猎，这在中原华夏国家中是不多见的。

图30 拱背回首龙形黄玉佩

长23.6厘米，宽11.4厘米，厚0.4厘米。
中山王䎐墓陪葬墓出土。
中山国墓葬中出土最大的玉佩，玉佩通体雕琢谷纹，龙头较小，短角前曲，上吻长圆，躯干粗壮，腹背隆起，尾巴上翘，昂首回头做云中腾飞状。

春秋战国正处于社会变革时期，春秋初年华夏地区社会生活中仍一定程度上保留有原始遗俗，风气开放，男女交往比较自由，女性在社会上也比较活跃。春秋中后期，随着铁制工具应用促进生产力的发展、诸侯间争霸战争的频繁，男性在社会生产、军事斗争中的地位不断提高，其政治和经济地位加强，妇女的地位式微。由此引起社会性别观念、社会意识和相关制度的系列改变。至战国时期，女性的地位明显下降，进一步强调建立在男女性别分工之上的男尊女卑观念，形成了"男不言内，女不言外"的习俗。但中山国有游牧民族传统，男女之别不像华夏地区那样分明。而且中山之地曾是商代统治的重要区域，受殷商传统习俗的影响较大。

中山国女子好勇尚武，并与男子共同习武狩猎，甚至作战。备宴狩猎纹铜鉴上的狩猎场面中，一个身穿长裙的女子正在弯弓射猎，站在其身后递送箭支的则是一名男子。在由一名男子驾驶的车上，一名身穿长裙的女子正手执弯弓射猎，而画面中其他步行狩猎者都是男子。铜鉴图中，还有在望楼上持戈守卫的女子。

狩猎宴乐纹铜盖豆（图31）的弋射图中，除两个男子手执弓箭在弋射大雁外，周围其他众多的狩猎者则都是女子，她们有的手持长矛正准备投掷，有的身佩短剑正捡拾猎物。画面上有四个手握长矛的女子，整齐地排成两列正在准备投掷，显然经过一定训练。从以上画面可以看出，中山国女子对武器的使用都相当娴熟，与男子共同射猎，强悍尚武。

图31 狩猎宴乐纹铜豆

通高19.6厘米，口径17厘米。平山县穆家庄战国初期墓出土。古代盛放调味品的食器和礼器。铜豆的抓手、顶面、盖面、器腹、柄座上凸铸有七组图案，共计90个人物、63只野兽、26只鸟和6条鱼，纹饰繁密，形象生动。

中山国女子也可如男子一样参加宴饮歌舞等活动。如铜盖豆的宴乐图中，台下是大型乐舞场面，众多乐伎吹笛、敲钟、摇排响、击鼓、击磬、摇鼓、伴舞，演奏和表演者均是女子装扮。中山国女子可能也参加祭祀活动，备宴狩猎纹铜鉴画面也显示了中山国男女共同准备祭祀宴飨的场面，台阶上正有男子向室内捧送祭品，室内两个身穿长裙的女子正在摆放祭祀器物。

中山国出土文物及其纹饰显示，中山国男女地位的差别没有中原诸国那么鲜明。中山国女性同男子一样，参加劳动、狩猎、宴饮、祭祀，丝毫没有"男女授受不亲"的迹象，生活自由开放，有巾帼不让须眉的气概。

警诫反思

第十三章

是谁，创作了这灿烂华章？

是谁，写出了这绝妙的字体？

是谁，是用什么工具，以什么技艺，在坚硬的青铜器上镌刻下了一个国家的不朽记忆？

"中山三器"上的铭文让后人对这个隐没在历史迷雾中的神秘王国有了新的认识，也让久已沉埋的中山国文化重新熠熠生辉！

一、"中山三器"

2000多年前的阳光，温和地照耀着中山国新铸造的青铜器，闪耀出绚丽的金色光芒，辉映着王䚾绽放的笑脸。这个年少继位的君王，在十几年的风雨历程中已经成长为一个成熟的政治家，伴随着国家的一路强大，他也迎来了盛年，在接连的成功中他的人生华年一如新铸造出的青铜般闪烁着金灿灿的光，映衬这金光的便是刚刚铸好的铁足铜鼎和装饰着矫健神龙的方壶。

铜鼎与铜壶在商周时代都是重要的礼器，现在中山国铸成了独具一格的铁足大鼎和饰有矫龙的铜方壶。赫赫威仪的大鼎和神采飞扬的方壶，是中山国独特的创造，象征着中山国的强大与繁盛。

中山虽源自北狄，但如今已可与华夏大国相抗衡。尽管承受着偏见与轻视，中山国却以强大的力量证明着自身的存在。现在，面对着精心铸造出来的国之重器，王䝅的心中涌起一股豪情。

中山，在群雄间纵横捭阖，国力达于前所未有的鼎盛，他实现了先辈的梦想，也感受到了无比的荣光。这种荣光，不能是短暂的，也不能是只属于自己的，他要把中山国波折起伏的奋斗历程镌刻在这青铜器上，在铮铮青铜上以生辉的文字铸造属于中山国的不朽。

王䝅在位第十三年和第十四年的时候，铸造了大量青铜器，尤其是在青铜器上写下了长篇铭文。

青铜器铭文，是中国青铜器一个独特的审美领域，是青铜时代独特的精神之花。青铜器铭文从商代早期开始产生，西周时期铭文之器大量增多，内容日益丰富多样。大量的青铜器铭文记录了当时的王室活动、祭典训诰、册封赏赐、宴飨征战、土地转让等诸多内容，为研究商周历史提供了宝贵材料。西周青铜器铭文的书法艺术也别具特色，因当时的铭文多为铸铭，所以文字线条圆润，徐舒有致，圆婉通畅，遒劲浑厚，具有沉雄隽永的美学效果。春秋战国时期，由于铁器技术的运用，青铜器铭文常见刻铭，字体风格趋向于飘逸轻灵，各国铭文又各具特色，呈现出千姿百态的风貌。南系铭文多华美秀丽，南方吴、越、楚等国的鸟虫书奇诡多变；北方铭文多清新朴实，齐、鲁、中山等国的铭文浑厚大气。

在铁足铜鼎和矫龙饰铜方壶上，王䝅命人刻写了灿烂的长篇铭文。王䝅去世后其继任者𧊒蚉又在一件铜圆壶上写下了长篇悼文。这三件刻有长篇铭文的青铜器被并称为"中山三器"。"三器"铭文内容丰富，记录了中山国历史上的重要事件，追忆了先辈国君。铭文文采斐然，镌刻艺术精湛，文字风格独树一帜，融合了稚拙与古朴、轻灵与劲健、凝重与飘逸、错落与整齐等相对相谐的审美因素，错落有致、顾盼呼应，显示出曲折多变、繁复摇曳的风姿，有一种生气流荡、飘逸跌宕的美，在战国时期青铜器铭文中独树一帜。

铁足铜鼎（图32），通高51.5厘米，重60千克。这件铜鼎是王𰯼墓陪葬九鼎中的首鼎，大鼎带盖，腹部敦厚浑圆，三只鼎足为铁制。中山国进入中原地区后，金属冶铸技术迅速提高，又有太行山丰富的铁矿，冶铁技术堪称一流，王𰯼指挥他的工匠，创造性地在青铜鼎身上铸造了三只铁足，一则是显示其冶铸技术的高超，一则是向诸国宣示中山国的强大与独一无

图32 中山王𰯼铁足铜鼎

通高51.5厘米，口径42厘米，最大径65.8厘米，重60千克。
中山王𰯼墓出土。
成套九鼎中的首鼎，鼎为铜身铁足，鼎的外壁刻有铭文77行，共计469字，是目前发现的铭文最长的战国时期青铜器。

二。这件大鼎的外壁刻有77行、469字铭文,是目前发现的铭文最长的战国时期青铜器。

刻铭铜方壶(图33),通高63厘米,重28.72千克,是一件精心设计的酒器和礼器。铜壶的盝顶形盖上有四个镂空云形钮,棱角分明的壶身四角各铸有一条神采飞扬、昂首攀爬的立体矫龙。壶腹两侧各有一个兽面衔环铺首,兽面狰狞,双睛倒竖,眉须涡卷。壶的四壁有流畅优美的铭文450字,是一篇优秀的战国书法作品。

图33 中山王䰜刻铭铜方壶

通高63厘米,腹径35厘米,重28.72千克。

中山王䰜墓出土。

酒器和礼器。铜壶带盝顶形盖,壶身周正,棱角分明,四角的肩部各铸有一条神采飞扬的矫龙,壶的四周刻有流畅优美的铭文450字,其中特别提到了"皇祖文武,桓祖成考"等中山国君的名号,填补了史籍缺漏。

尽管中山国一度是仅次于"战国七雄"的强盛国家,但由于其具有游牧民族背景,国家历史几起几落,而且因外交方面的实用主义原则导致四处结怨,所以史书中对中山国的记载非常简略,这个国家在长达2000多年的时间里曾一度被称为神秘王国,而镌刻在青铜器上的铭文,则是中山国最强盛时期最强有力的"国家宣言",其内容丰富,含义深刻,填补了史书中关于中山国记载的诸多空白。

方壶和圆壶铭文提到了文、武、桓、成、䯼和𨏖䇿六代国君，加上见于历史记载的王尚，可以明确，在战国时期中山国的国君世系有七代，填补了史书记载的缺略。铭文还反映了中山国的王室动态、政治风云和文化风貌，为研究战国中山国提供了极其珍贵的参考资料。

在铁足铜鼎和刻铭铜方壶的铭文中，王䯼深刻表达了自己的治政理念，将他对人生的感慨和对后世的诸多嘱托都刻在了铮铮青铜器上。

他想通过这种方式，让中山国的故事传之后人；也通过这种方式，让后人铭记他的谆谆教导，以便"子子孙孙永定保之"！

青铜器铭文中王䯼表达的心事，让我们窥见了这位君王生命尽头的几份沉重。

二、叵测老臣

铸铭，铸铭，编定青铜器铭文时，王䯼总是想起一双眼睛，那是一双高深莫测的眼睛。在王䯼的成长历程中，这双眼睛曾经透露慈爱和忠诚，但是随着自己的成长，他却觉得这双眼睛日益深邃与狡黠。

那是司马相邦的眼睛。

最初，他应该还是忠诚的吧，只是岁月让他不再如从前那般恭顺；也许，他还是想恭顺的吧，只是位高权重让他不再如从前那般谦谨。

真是难诉君臣情，叵测老臣心。

王䯼铸器时，司马相邦的影响是挥之不去的影子。在中山国的历史上，司马相邦的存在也是挥之不去的影响。

在青铜器铭文中，王䜔回顾了自己的成长历程，在大鼎铭文中表述为："昔者，吾先考成王，早弃群臣，寡人幼童未通智，唯傅姆是从。"成王去世较早，当时的䜔尚为"幼童"，"人生十年曰幼"，当时的王䜔应该不超过10岁。那么，历经波折后统治刚刚稳固的中山国该如何治国、如何发展呢？

幸亏有司马相邦的教导与辅佐，司马相邦在"三器"铭文中被反复提及。他是中山国历史上一位极其重要的人物，辅佐了成公、王䜔和𧊒盗三代国君。中山王䜔铁足大鼎铭文中记载司马赒"天降休命于朕邦，有厥忠臣赒，克顺克卑，亡不率从"。证明司马赒在王䜔的父亲成王时期就是国家重臣，成王因此才托孤于他，"佐佑寡人，使智社稷之任"。司马相邦"夙夜匪懈"地教导幼君，教育䜔成长为一个"知社稷之任，臣宗之义"的英明君主。尤为可贵的是他能"事少如长，事愚如智"，在君主幼弱之时依然能遵循君臣之礼，对待年少尚未开智的国君像对待年长而且有智慧的人一样，尽力辅佐。这既是忠君，也是君子仁义之风的表现。

在司马赒的教导和辅佐下，䜔一步步成长，中山国力也日渐强盛。大鼎铭文记："今余方壮，知天若否，论其德，省其行，无不顺道，考宅惟型。"《乐记·曲礼》记载："人生……三十曰壮，有室。"可见，到铸造大鼎和方壶时，中山国君䜔已在司马赒的辅佐下治国近20年。

司马赒任相邦时做的另一件大事就是伐燕。燕国发生子之之乱时，齐宣王趁机伐燕，中山国也在司马赒的率领下参加了伐燕的战争，"今吾老赒，亲帅三军之众，以征不义之邦，奋桴振铎，辟启封疆，方数百里，列城数十"。这次战争一举夺下数十城，开疆百里，拓展了中山的领土，提升了中山的地位。

从伐燕一事可以看出，司马赒在中山国不但掌握相权，辅佐国君处理行政事务，而且还率军出征，集相权与将权于一身，说明了司马赒在中山国政治、军事方面的重要地位。

对司马相邦的卓著功勋，中山国君大加封赏，"三器"铭文一再表述了对司马赒的赞誉与颂扬。方壶铭文记："使得贤士才良佐，以辅相厥身。余知其忠信也，而专任之邦，是以遊夕饮饲，罔有遽惕。竭志尽忠，以佐佑厥辟，不贰其心，受任佐邦，夙夜匪懈，进贤措能，亡有常息，以明辟光。"充分描述出司马赒对国家的竭忠尽智，勾勒出一幅君明臣贤、相互信任、治国有方的场景。方壶铭文又记"天子不忘其有勋，使其老策赏仲父，诸侯皆贺"。中山国君尊司马相邦为"仲父"，"父之弟曰仲父"，可见𰐘是把他当作自己的父辈来看待的。

大鼎铭文又记："寡人庸其德，嘉其力，是以赐之厥命，虽有死罪，及三世无不赦。"司马赒因功勋卓著，被赐予三世的死罪豁免权。

从"中山三器"铭文可以看出三代君王对司马相邦的倚重和他在中山国的建树，称得上是君王的"贤才良佐"。在司马赒的辅佐下，王𰐘在位时期中山国生产发展、国富兵强，成为"战国七雄"之外的五个"千乘之国"之一，并成功称王，成为称雄一时的强国。铭文也体现了司马赒在中山国内政、外交、军事等方面的大权在握，显示出王𰐘对司马赒的高度倚重和充分优待。中山王𰐘十四年，是王𰐘在位时制造青铜器数量最多、质量最好的一年，也是有关王𰐘纪年的最后一年，说明𰐘可能死于是年。当时主政国事的司马相邦参与或主持了"中山三器"的铸造，在铭文中对自己多有溢美之词也未可知。但这种君臣通力合作的局面，不久之后即随着王䙴的英年早逝而结束。

在制于王䙴的继任者䚷䴕时期的䚷䴕铜圆壶上也有"得贤佐司马赒，而任之邦"之说，证明䚷䴕时期司马氏仍为相邦。在"中山三器"铭文中共提到司马相邦12次，可见其重要性。对比"中山三器"铭文中提到的司马赒，其与《战国策》及其他典籍中提到的"司马憙"，二人在时间和事迹上是重合的。多种证据表明，"中山三器"铭文中提到的司马赒与史书中记载的三次拜相中山的司马憙实系一人，只不过其史书记录的名字与铭文记录的名字有所差别。当前，应该以"三器"铭文中和记述为准，其名字为司马赒，当然关于"赒"字的释读，目前学术界还存在几种说法，但只是写法与读音上的差别，其所指均系一人，本书中出于"中山三器"铭文的内容皆依"司马赒"之称，出自史书记载的内容皆依"司马憙"，均指司马相邦一人。

司马相邦曾"三相中山"，是经过了中山成公、王䙴、䚷䴕三代的老臣。尽管他曾"三相中山"，但其间过程好像也并不顺利，他自己为了取得相位多次使用谋略。《战国策·中山策》也言："司马憙使赵，为己求相中山。"接着讲中山国的另一位大臣公孙弘暗中得知此事，在某次中山君外出巡视的时候，由司马憙担任御夫，公孙弘担任参乘。公孙弘问中山君："'为人臣，招大国之威，以为己求相'，君当如何处理？"中山君称："必食其肉，不以分人。"司马憙听了，立刻在马车的横木上叩头说："臣自知死至矣。"中山君问："何也？"司马憙答："臣抵罪！"中山君说："行，吾知矣。"

过了一段时间，赵国使者来到中山，为司马憙请求相邦之位。中山君怀疑这是公孙弘事先设计的陷阱，公孙弘害怕被杀出逃。于是，司马憙便成为了相邦。这表明，司马憙确是一个巧言令色的人，也很善于表演，在阴谋被揭露的情况下，居然还能"自投罗网"式地自保，足见其为人的狡黠，而中山君居然对他如此信任，这恐怕不是一时的行为，而是他长期努力经营的结果。

司马憙还曾利用季辛与爰骞两人之间的矛盾，将两人同时除掉，从而独受君宠，可谓"一石双鸟"。他又在赵王与中山国君之间耍弄手段，让阴姬成功成为中山王后，其狡黠可见一斑。

史书中记载的奸诈圆滑的司马憙与"中山三器"铭文中记载的竭忠尽智的司马赒判若两人，其间反映出的差别令人三思。究竟他的哪一面更接近于真实呢？是露奸诈于外邦，而尽忠诚于中山，在中山国之外和中山国之内有着不同的两面？其身前事、身后名留给后人一份饶有意味的深思。

在战国以至后世，史书中对中山国的记述多有贬意。强盛后的中山国又北占燕地、南攻赵国，四面树敌，主政中山国的相邦司马憙因此背负恶名也不难理解。2000多年后的今天，已很难猜测与判断司马憙当时的诸多"恶行"是否有更深的原因，或是他在对外时与中山君之间有某种计谋性的"默契"。但是，中山国的朝政长期为司马相邦所把持，却是不争的事实。

正当壮年的王䜮，临终前在朝政方面最为担心的就是自己去世后元老级重臣司马赒会专权。司马赒长时间辅佐中山，有辅国之才，又专任大权，王䜮担心子之取代燕王哙的情形会在中山国重演。

如果王䜮能够在位时间长一些，他也许会有足够的时间和政治空间抑制司马相邦的权力，培养起自己新的政治合作伙伴。如果有足够长的治政时间，他可能会给自己的继任者留下一盘全新的治政格局。

但是，天不假年，王䰽没有逃过英年早逝的命运。在没有更好选择的前提下，他也只好把新君托付给现任的相邦司马赒。

王䰽心有不甘，也心存警惕。

在青铜重器铁足铜鼎和刻铭铜方壶的铭文上，他一面极力表彰司马赒的才能和功绩并尊称他为"仲父"；另一方面，又用大量篇幅历数燕国相邦子之的逆行，斥责其"为人臣而反臣其宗"，以此来影射位高权重的司马赒即使建有大功也要谨遵君臣之礼，不可越权篡位，否则只能像子之那样身败名裂。对此司马赒则坦言"为人臣而反臣其宗，不祥莫大焉"[①]，以此来明示自己的忠心。其实，君王的褒扬和臣子的表忠心到了需要大书特书，甚至刻铭于鼎的地步，其中几多是真，几多是假，几多是真心表露，几多是逢场作戏，背后的潜台词和其间深蕴的意味，也许只有局中人才能了悟与感受得到。

三、"子之之乱"

除了对司马相邦权臣专断的忧患，王䰽还担心邻国仇敌的进攻。

伐燕刚刚获得胜利，但是燕国"子之之乱"的教训却让人心生寒栗。面对尚年轻的继任者，他谆谆以嘱。他需要告诫嗣君，一定不要被人蛊惑。

对于权力的觊觎和渴望，也许是人们心底难以剔除的痒，那些禅让故事可能也只是传说。

当大禹的儿子启杀死了大禹的继承人伯益，建立了夏朝，

---

① 中山王䰽刻铭铜方壶铭文。

中国历史上的禅让制就此结束，从此被父传子的家天下所取代。

尧让位于舜，舜让位于大禹，也未必真如传说中的那样美好。正如《竹书纪年》记载：昔尧德衰，为舜所囚也，舜囚尧于平阳，取之帝位。隐隐说明，舜的地位并不是尧主动让出来的。帝位更迭是真，但是不是真的那般顺利、和谐，却让人难以尽信。尧舜禹时期的禅让应该是在客观形势和现实需要下争斗、妥协与调和的结果。

后世的人们，为了争夺权力也不断进行着血腥的争斗。

公元前316年，燕国上演了一出黑色幽默般的禅让闹剧。精明的臣子把糊涂的君主忽悠得晕头转向，最后稀里糊涂地让出了王位。而这次禅让最终把燕国带入长达数年的动乱。

战国七雄之一的燕国，是西周召公奭的封国。战国时期的燕国，偏于一隅，比较贫弱。公元前333年，燕文公去世，其子燕易王（前323年称王）即位，齐国趁机攻燕，靠近齐国的10座城池都被齐人所占。公元前321年，燕易王去世，燕王哙继位。姬哙意识到燕国要想在如狼似虎的列强中自保，就要改革图强。

《战国策·燕策》记载："燕哙三年（前318年），与楚、三晋攻秦，不胜而还，子之相燕，贵重主断。"燕国同楚国及韩、赵、魏三国共同讨伐日益强大的秦国，可是因各国各打各的算盘，联军犹如一盘散沙，结果无功而返。但此记载说明当时子之已是燕国的相国，而且权力很大，专断国事。

苏秦的弟弟苏代和子之是好朋友，当时苏代作为齐使到燕国，燕王哙问苏代，齐宣王怎么样，苏代回答说：必定不能称霸。燕王哙问为什么，苏代回答：对大臣不信任。苏代这样回答是想让燕王哙更加重用子之。燕王哙果然对子之更加信任。

子之为报答苏代,送给他百金。

当此之时,有个叫鹿毛寿的人对燕王说:"您不如把王位让给相国子之。人们之所以称道尧贤德是因为他把天下让给了许由,许由没有接受,尧因此有了禅让天下的美名而实际上并没有失去天下。现在您把王位让给子之,子之必不敢接受,大王还会得到与尧一般的名声。

燕王哙相信了鹿毛寿的话,于是提出让位于子之。但是,子之却没有按照预先设定好的"辞让"剧本演出,而是毫不推辞地接受了。此时的燕王哙无可奈何,就想以"名属子之,而太子用事"的方式来挽回残局。

于是,又有人说燕王名义上将国家交付给子之,而实际上还是太子平当权。燕王便把三百石以上俸禄官员的任免权从太子手里收回来,全部交给了子之,以表明自己是真心禅让。

子之依靠巧取豪夺取得了王位,但执政能力和水平却很差,掌权三年就导致燕国国内混乱,人心不安,太子平心中更是忿忿不平。燕国将军市被和太子平谋划攻打子之,齐王也支持太子平。于是公元前315年,在燕太子平的号召下"数党聚众",将军市被围攻王宫,攻打子之,但是却攻打不力,市被担心如果子之取胜会追究他的责任,于是和百官又反过来攻打太子平,结果市被战死,燕国大乱。《史记·燕召公世家》记载:燕国由此"搆难数月,死者数万,众人恫恐,百姓离志"。

燕国内乱,给邻国以可乘之机。孟子对齐宣王说:"今伐燕,此文武之时,不可失也。"公元前314年,齐王"令章子将五都之兵,以因北地之众以伐燕"。燕国处在混乱之中,并未应战,城门也不关闭。齐军没有遇到什么抵抗,就攻进燕国国都,占领了燕国大片土地,杀了燕王哙,捉住子之后将之剁成肉酱，太子平也死于战乱，齐军大胜。

齐军占领燕国后，燕国民众群起反抗，各诸侯国表示抗议。公元前314年，赵武灵王送燕公子职入燕为王，是为燕昭王。燕昭王即位后决心复兴燕国，报仇雪恨，于是整顿内政，招贤纳士，重用乐毅、剧辛、苏秦等名将能臣，燕国得以重振。

子之及其党羽对燕王哙高呼的禅让制度，其实就是一场夺权的"阴谋"。王譽认为："燕故君子哙，新君子之，不用礼义，不顾逆顺，故邦亡身死，曾亡一夫之救。"燕国国君子哙虽睿知博识，知晓天下世事，深为人所尊敬，但却受到子之的迷惑而国亡身死，贻笑天下。总结这次事件的经验和教训，王譽警告继任者，一定要对臣子保持警惕之心，以免像韩非子所说的那样"子哙身死国亡，夺于子之，而天下笑之"。王譽告诫嗣王警惕燕国事件重演，其实也有影射和警告在本国位高权重的司马相邦之意。

四、越国吞吴

大鼎铭文中还有"吴人并越，越人修教备信，五年覆吴"之句，以越国灭吴的历史事实，告诫继位之君一定要时时不忘"仇人在旁，邻邦难亲"。

吴国和越国都是长江下游的国家，国土相邻，长期争霸。

公元前496年，越国国王勾践即位。为了征服越国，吴王发兵攻打越国。两国在槜李[①]展开了一场大战。信心满满的吴王阖闾战败，中箭身亡，吴越两国结下无法解开的血仇。

新继位的吴王夫差朝夕不忘越人杀父之仇，一边为父守丧，

---

① 今浙江省嘉兴市西南。

一边潜心备战。

公元前494年,夫差亲率复仇大军杀向越国。在夫椒之战中,越王勾践一败涂地,卑辞乞和,表示愿意归降称臣。越国大夫文仲利用吴国内部的矛盾,巧妙斡旋,争取到吴国宠臣伯嚭的支持,否定了伍子胥将越国赶尽杀绝的主张,最终劝吴王夫差同意越王勾践到吴国为奴。

公元前494—前491年,越王勾践带着夫人和大臣范蠡在吴国服苦役。三年间勾践小心侍候吴王,受尽嘲笑和羞辱。吴王出门时,勾践牵马;吴王生病时,勾践尽心照顾,甚至尝观其粪便以探查病情,令夫差十分感动。勾践顽强忍耐,虽然心里很不服气,但表面极力装出忠心顺从的样子。

整整三年,勾践克制欲望、伪装忠顺,夫差认为勾践"尽心自守,食不重味,衣不重彩,虽有五台之游,未尝一日登玩",已经是真心臣服。于是,吴王放虎归山,允许勾践返回越国。

即便如此,以当时越国战败后仅有的百里之地,无论如何也难以与吴国抗衡。但勾践利用夫差好大喜功、爱虚荣的心理,接连不断地派使者向吴国馈送厚礼。他下令国中男女赶织10万匹黄丝葛布献给吴王,同时敬献甘蜜、文笋、狐皮、箭竹等物品,既表示自己的恭敬,也用来麻痹对方。夫差果然因此放松了对勾践的警惕,又下令将800余里的土地加封给越国,从而使越国的疆域大增。

但此时的勾践时刻未忘在吴国受辱的情景,他卧薪尝胆,粗衣粝食,与百姓同甘共苦。他颁布了一系列法令,发展生产,鼓励生育,增殖人口,减缓刑罚,轻徭薄赋,博取了军民的爱戴。每当春耕之际,勾践亲自下田劳作。而他的夫人也与民间女子一起纺纱织布，激励全国上下齐心努力，奋发图强，早日灭吴雪耻。

勾践还收购吴国的粮食，使之粮库空虚；向吴国赠送木料，使之通过兴建宫殿耗费大量人力物力；勾践让人散布谣言，离间吴国君臣的关系，使伍子胥被杀；特别是越国施用美人计，献上绝色佳人西施，使吴王沉迷享乐，荒废政事。

吴王夫差被勾践所迷惑，以为越国已经不再是吴国的威胁，便一意北上争霸中原。吴国组织民力筑邗城[1]、开邗沟，挥师北上攻打齐国。吴国于公元前482年两次打败齐国，并大会诸侯于黄池[2]。

被胜利冲昏了头脑的夫差决定继续北上，与另一个强国晋国争夺霸主地位。公元前482年，越王勾践趁吴王夫差带着主力大军北上会盟、国内空虚的机会，指挥越国主力长驱直入攻入吴国，夫差仓皇从北方撤军，但为时已晚，吴国被迫求和。

公元前475年，勾践倾全国之力，发动灭吴战争。吴军无力迎战，据都城姑苏防守。越军包围吴都三年，吴国数次遣使请和，均遭拒绝。

公元前473年，越军攻破姑苏城，吴王夫差自杀，吴国灭亡。

越国灭吴的经历给后人深刻的历史教训。本来夫差已经灭了越国，可是却接受了越国的投降，并一再被勾践装出来的恭顺和忠心所迷惑，最后被越国吞并。夫差死前后悔没有听伍子胥之言，自杀时以布蒙眼，称无颜见伍子胥。而勾践则卧薪尝胆，忍辱负重，十年生聚，十年教训，终于转弱为强，真可谓

---

[1] 今江苏省扬州市西。
[2] 今河南省封丘西南。

"苦心人，天不负，卧薪尝胆，三千越甲可吞吴"。

因此，王礜告诫后人一定引以为戒，强调"尔毋大而肆，毋富而骄，毋众而嚣"，切不可因国势强大了就恣意妄为，切不可因富裕了就骄傲自大，切不可因人多势众就放肆凌人，只因"邻邦难亲，仇人在旁"。王礜认为：记住这些，子子孙孙才能永保江山稳固。嘱咐后人一定要"念之哉！子子孙孙，永定保之，毋替厥邦"。

可叹的是，王礜的警示并没有被嗣君所接受或重视。王礜去世后，中山国国君昏聩，相邦专权。中山国既没有英主挽狂澜于既倒，也没有贤臣扶大厦之将倾。于是，曾经鼎盛辉煌的中山国，终于江河日下，最终灭亡。

双雄对决

第十四章

一、两王并立

在河北省邯郸市耸立着一座气势宏伟的著名雕像——赵武灵王胡服骑射像。赵武灵王身穿窄袖战衣，跃马弯弓，意气风发！

胡服骑射，是赵武灵王一生最光辉的荣耀，被后世千古传扬。

赵武灵王与王䰠是同时代的人，两人年纪相差不大，在很长的时间里分别同时执掌着相邻的赵国和中山国。

虽然史书中没有留下记录，但是作为两个相邻而又敌对的国家的君主，两个英明而又英勇的君主，在生前应该有无数次较量与角逐。

史书中对赵武灵王的记载更多一些。《史记·赵世家》载："至于后世，且有伉王，赤黑，龙面而鸟噣，鬓麋髭𩑋，大膺大胸，脩下而冯，左衽界乘，奄有河宗①。"从以上记载可以看出，赵武灵王勇健伉直，皮肤红黑，面部似龙，嘴部似鸟，鬓须分明，胸部宽大，下身修长，迈步如飞。赵武灵王曾扮使者入秦时，秦昭襄王也认为"其状甚伟"，可见其形象高大，神采英武。而从《战国策》《史记》中对赵武灵王劝说在诸大臣、

---

① 古代指称黄河，后亦代指黄河中流。

贵戚进行胡服骑射改革时的记载,也可知赵武灵王能言善辩。

中山王𰯼,史书中没有关于他个人的记载,但是从其在位期间称王、伐燕以及铸造大量精美的青铜器等作为,也可以想见是一位勇武而果敢的君主。从铁足铜鼎和刻铭铜方壶的铭文,也可以推知这是一位富有远见卓识的君主。

赵武灵王与𰯼年龄相当,两个雄才大略、充满成功梦想的君主,在当年遥相对视时,可能有过不少明里暗里的交锋与较量。

两个人的成长背景有相似之处,但是在治政理念与执政路线上却是相差甚远。在对华夏与戎狄文化的吸收与保留、对待称王的态度及对后世子孙的安排方面两人都有不同的观念。而因两个王对各自国家治理观念与方法的不同,也导致中山国和赵国在他们身后走向了不同的命运。

二、少年君主

赵武灵王与王𰯼的经历,有很多相似之处。从治政道路的起点来看,两个人都是少年登基,都经历了一番艰辛。

赵武灵王名雍,其父赵肃侯善于甲兵,戎马一生,敢于和魏、楚、秦、燕、齐等大国连年恶战,俨然有新霸北方的气象。但是,天妒英才,公元前326年,赵肃侯去世,新即位的赵武灵王只有15岁。

赵武灵王一即位,就遇到了一次巨大的危机。当时,魏国联合楚、秦、燕、齐四国以吊丧为名,各派精兵前往邯郸参加葬礼,明为吊唁,实是示威。对于年少的赵雍来说,父亲的这场葬礼实在是凶险。在托孤重臣肥义的帮助下,赵雍命令赵国全境戒严,准备随时战斗。赵雍命令前来吊丧的五国军队不得进入赵国，只许五国使者入境。同时，暗中联合姻亲之国韩国和同样受五国欺负的宋国共同对抗五国。然后，又许以重金，让北方游牧部落楼烦去攻打燕国和中山国，让越国去攻打楚国。这样，使秦、魏、楚、齐、燕五国处于两面或三面受敌的被动局面。五国使者入赵后，见邯郸戒备森严，而且赵与多国结成了联盟，于是"五国会葬"以失败告终。

年少的赵武灵王，初临君位就经受住了如此严峻的考验，而忠心辅佐他渡过难关的就是托孤大臣肥义。肥义一生辅佐三君——赵肃侯、赵武灵王、赵惠文王，是赵国位高权重的大臣。在赵肃侯时期，协助修筑了赵国南长城，加强了国家防御能力。后又协助赵武灵王推行胡服骑射改革。赵武灵王退位后，肥义又尽心辅佐赵惠文王，沙丘宫变中肥义为了国家社稷，力保赵何，即使明知赵章图谋不轨，仍然决意以身赴死应召前往，最终血溅沙丘。

王䰆也是少年即位，其国君之路也并不是一帆风顺。在大鼎铭文中，王䰆就回顾了自己少年时期的成长经历，成王去世较早，当时他年纪还小。此时，幸亏有司马相邦的教导与辅佐。司马相邦对年少的国君䰆不辞辛苦、尽心竭力地进行教导与辅佐。在司马赒的教导和辅佐下，䰆一步步成长，中山国国力也日渐强盛。到铸造大鼎和方壶时，中山国君䰆已在司马赒的辅佐下治国20年。

但与司马赒相比，肥义的作为与忠义更胜一筹。肥义与商鞅、屈原一起被尊为"战国三杰"，而司马赒在史书中则多受贬损。

三、服装变奏

在中山王𰯼墓前的平台上，当地农民曾捡拾到一件铜胡服俑（图34）并交给了考古人员。这件铜俑是一名武士形象，明显是北方游牧民族的装扮。人俑短小精悍，头披散结小辫，面部突起，眉骨和颧骨较高，双足并拢，身体下蹲，上身扭向左侧，右手扶膝，左手压右腕，昂首挺胸，目光前视。

图34 铜胡服俑

高4.5厘米。

中山王𰯼墓前平台发现。

人俑头披散结小辫，面部突起，双足并拢，身体下蹲，目光前视；其上身穿窄袖左衽长衣，窄袖紧口，左衽有纽结或小钩结，与华夏地区服饰不同。

人俑的服饰具有当时北方游牧民族的特色，上身穿窄袖左衽长衣，腰系宽带，衣长至臀部，衣上饰回纹或涡卷纹。下身及双脚赤裸，肌肉丰满。人俑服装左右胸部有泡饰，窄袖紧口，左胸部衣襟有钩即襟钩装饰连接。

胡服俑的服饰与中原地区的宽袍广袖显然不同，应是当时的胡服。中山国人擅长骑射，衣着习惯与中原地区不同，特别是武士的服饰。这种胡人造型的战国时期青铜器，是非常罕见的。人俑的装束呈现出阳刚之气，具有典型的北方民族特点，非常适合作战需要，应是中山国的武士。

这件"被发纹身，错臂左衽"①的胡服俑也为我们研究赵武灵王胡服骑射改革提供了参考。

如果这件铜俑真的是当时中山国的武士形象，那么赵武灵王的胡服骑射改革很显然在很大程度上所模仿与借鉴的正是中山国的武士服装。

而让人感慨的是：如果赵武灵王决心效仿的正是中山国的胡服，那么中山国则并没有认识到自身服装的重大价值与意义。其实，中山国在服装方面有着效仿华夏地区的倾向。

春秋战国时期，中原地区居民的服饰主要是宽袍大袖，不便于步兵、车兵作战，机动性差。胡服与中原地区的宽衣博带式服装有较大差异，一般是短衣、紧身、圆领、左衽、窄袖、长裤、靴子、合裆长裤，便于骑马，便于行军、拉弓射箭，从而能"来如飞鸟，去如绝弦"。衣襟的左、右衽与生产、生活的实用需要相关。华夏民族多从事农业劳动，衣襟右衽便于生产中用右手操作农具。而胡人惯于骑射，服装左衽便于控弦拉弓。

在与北方民族的作战经验中，聪明睿智的赵武灵王发现，游牧部落衣着简便，非常适合骑马射箭，而传统的华夏礼服宽袍大袖，繁琐、臃肿，不适合骑兵作战，因此决心改穿胡服。当赵武灵王与大臣肥义商议改穿胡服，骑马射箭，以教军民时，肥义霸气相佐，并称"成大事者不谋于众"。

可是，"胡服骑射"以前华夏族的服饰，既是身份高低的象征，也是区分夷夏的标志，统治者以严格的等级服饰来显示自己的尊贵和威严。因此胡服骑射不单是一个军事改革措施，同

---

①《战国策·赵策》。

时也是移风易俗的改革，是一次对传统观念的更新。当时的人们认为，华夏是"有礼义之大""有章服之美"的文明族类，而戎狄是不知礼义、不讲文明的族类。如今要向戎狄学习，这让很多赵国贵族难以接受。以赵武灵王的叔叔公子成为首的贵族抱着"循法无过，修礼无邪"的传统观念，拒绝胡服骑射。

在这样巨大的阻力面前，赵武灵王没有灰心，称"世有顺我者，胡服之功未可知也，虽驱世以笑我，胡地中山吾必有之"[①]，并以坚定不移的信念和毅力，耐心说服教育，以理服人。

赵雍派人去请称病不上朝的公子成，并传话说："家中听从于父母，国中听命于国君。现在寡人改变传统、改穿胡服，可是您不同意，我忧虑臣民们的议论啊！治国的规则是以利民为本，推行政令的原则是令行禁止。弘扬道德从下层平民开始，而推行政令则必须上层贵族带头。所以要仰仗叔叔您的声望来完成胡服改革。"

公子成应道："我听说，中原之国是圣贤教化的地方，是行礼作乐的地方，是远方景仰的地方，是边陲民族学习的地方。如今赵王舍弃这些传统习俗，却去仿效胡服，改变古有习俗，是违背人心的，我希望您仔细考虑这件事。"

使者回去向赵王报告了公子成的话，赵雍亲自登门对叔父进行游说，说："我国东面有齐国、中山国，北面有燕国、东胡，西面有楼烦，与秦国、韩国接壤。没有骑兵，怎能守卫？中山国虽小，但它依仗齐国强兵，侵犯赵国土地，牵累赵国民众，引水围困鄗邑，如果没有社稷神灵保佑，鄗邑几乎守不住，先君为此感到羞耻啊！所以我改革服装推行骑射，是为了防备

[①]《史记·赵世家》。

边境的危难，报中山国围困之仇。可是叔父您迁就中原国家的旧俗，不愿改换服装，忘记鄗邑被围之辱，这不是我所期望的啊。"

整整一天一夜，最终公子成被赵雍说服，欣然从命。于是，赵雍送给公子成一套胡服，第二天公子成穿胡服上朝。公元前307年，赵雍下令在全国范围内穿胡服、习骑射。

胡服骑射改革后，骑兵上身穿窄袖衣，下身穿裤子，中间束带；赵王头戴用野鸡羽毛装饰的王冠，军官戴鹖冠，上插以勇猛好斗闻名的鹖的翎子，士兵则戴可防北方风沙的爪牙帽子；改穿便于骑马和涉草的靴子；并以皮甲代替原来的铜质重装铠甲，轻装上阵，利于穿山越险，驰骋疆场。

胡服骑射打破了服饰的民族界限，弱化了服饰的身份标示功能，也便利了人们的生产劳动与其他社会活动，自此以后"习胡服，求便利"成了我国服饰变化的总体倾向。

与赵武灵王积极地推行胡服骑射相对应，中山国的服装却具有明显的华夏风格。现有考古资料尚没有发现中山国上层贵族的服饰样式，但从中山成公墓出土的银首人俑铜灯（图35）中人俑的服饰上可以窥见上层人物的服装风格。这件银首人俑铜灯的主体形象是一名站立在兽纹方形座上的男子，其服饰具有明显的华夏风格。

人俑所着衣服应为战国时期广泛流行的深衣，是将衣、裳相连缝制的服装样式。孔颖达《礼记正义》曰："被体深邃故谓之深衣。"春秋战国时期内衣还不完善，穿在里面的裤子是没有裆的，所以较长的深衣可以包裹身体不致暴露。

深衣出现之前，中原地区人们的衣服基本上是上衣下裳的样式。深衣改变了过去服装将上衣下裳分开裁制的方法，其基

图35 银首人俑铜灯

通高66.4厘米。

中山成公墓出土。

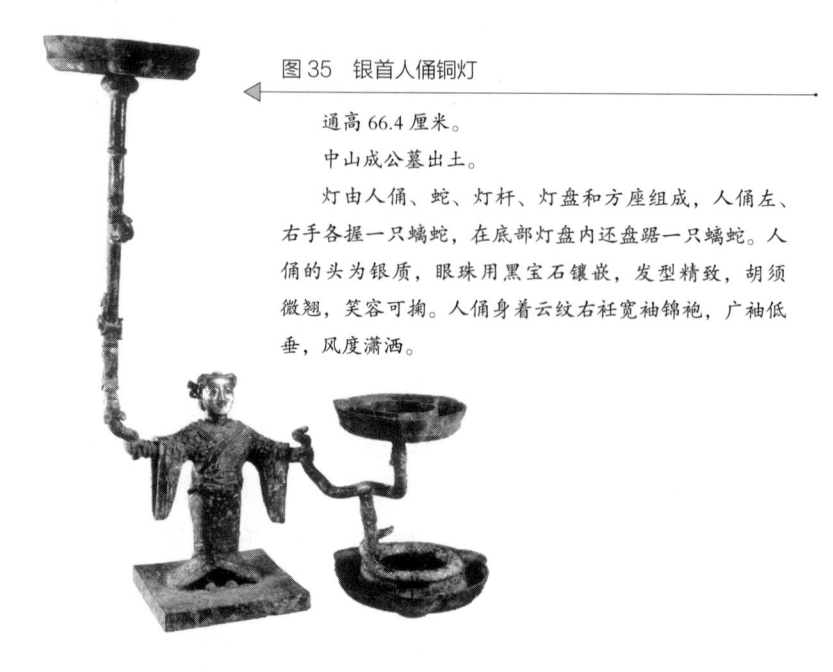

灯由人俑、蛇、灯杆、灯盘和方座组成,人俑左、右手各握一只螭蛇,在底部灯盘内还盘踞一只螭蛇。人俑的头为银质,眼珠用黑宝石镶嵌,发型精致,胡须微翘,笑容可掬。人俑身着云纹右衽宽袖锦袍,广袖低垂,风度潇洒。

本特征是:交领、右衽、系带、宽身大袖,上下相连接但又保持一分为二的界限。深衣不在下摆开衩,而是将左边前襟的前后片缝合,并将后片衣襟加长形成三角,穿的时候将之绕至背后,再用腰带系扎形成"曲裾"(也有部分是直裾)。深衣长不可拖地,短不要露出脚踝,穿着方便,飘逸洒脱,是对服装的一种改良。

深衣的用途非常广泛,其穿用并不受等级限制,是上层社会的常服,也是庶民朝祭的礼服。这件银首人俑铜灯中的男俑,最外层所着即是袖口宽大的交领右衽"深衣",但又具有明显的特色。战国时期男性深衣的曲裾只向身后斜掩一层,女性深衣的曲裾却向后缠绕数层。[①]但这件人俑深衣的曲裾则缠身多层,呈"燕尾"状曳地。而且,这件人俑的衣袖明显宽大,腰部却又十分紧身,腰带也比较宽,表现出一定的女性化风格。另外,

---

① 孙机:《深衣与楚服》,《中国古舆服论丛》,文物出版社2001年版。

人俑的衣服上还饰有色彩艳丽的红黑相间的复杂卷云纹，纹饰华丽细密。

这件人俑的服饰固然不能完全代表中山国的上层服饰，但战国时期上层贵族尤其是君王的喜好对服饰的潮流有非常大的影响，如齐王好穿紫衣，举国皆服紫；楚王好细腰，宫中多饿死，因此人俑的服饰在一定程度上反映了中山国上层贵族的服饰风格。这件人俑的服饰，既吸收了华夏之风，也有独特的风格和创造，并且有追求华美的倾向，具有中山国服饰的特色。

赵武灵王通过胡服骑射改革，吸收了来自草原民族的灵活与野性，增强了军队的战斗力。冲破重重阻力实行胡服骑射，也说明赵武灵王雄心勃勃，时刻准备进行战斗。

而中山国则并没有珍视自己尚武的雄风，没有认识到胡服的价值。中山王䝮及其先人一直大力效仿华夏服饰，也许在他们看来那是身份与地位的象征，连伎俑都着宽袍大袖的华服，高贵的王应该衣着更为华丽，以昭显权势与威仪。

当赵武灵王换上英武的胡服，巡走在赵国与中山的边界，把目光投向中山国灵寿城的方向，王䝮也许还在以迷离的眼神欣赏着华服以扮的倡优艺人精彩的表演。当那华美的袍袖飘飘抬起，宽大的袖幅遮住了王䝮的视线，他看不见紧衣、窄袖的赵武灵王已经做出了进攻的姿势。

四、相背殊途

中山国自陕北一带东迁以后，一直把融入中原作为自己的目标。王䝮的目光一直投向中原大地，再没有想过回到来时路的山西、陕西一带去开拓。

而赵都邯郸城中的赵武灵王，则把目光投向了北方。

赵国因国土南北跨度较大，形成了以太原为中心的北部势力和以邯郸为中心的南部势力。赵武灵王要想治理好赵国，必须处理好境内南部和北部两种文化和政治势力之间的平衡。这种政治压力，也是赵武灵王决心实行胡服骑射改革的动力之一。

而赵国的北部势力在与游牧部落不断的征伐和通婚过程中，其实已经融合了较多胡地文化，这也为赵国推行胡服骑射改革奠定了一定的基础。在当时，中原诸国基本都对北方游牧民族抱有防守，甚至回避的态度，只有赵国因具有与胡地文化接触、融合的基础，所以表现出拥抱草原文明、向北方民族学习的空前热情。

赵武灵王实行胡服骑射的另一份动力，是因为他有一个宏大的北进军事战略构想，那就是"九原云中袭秦"。自东方诸国进入秦国，一般要通过函谷关，但此地"一夫当关，万夫莫开"。赵武灵王公元前326年即位后，曾连续与秦作战，均以失利告终。公元前318年五国击秦，不胜而还；公元前317年赵、韩与秦作战，赵公子渴、韩太子奂遭遇惨败，赵国八万军队全军覆灭；公元前316年，秦国夺取赵国的中都、西阳、安邑；公元前315年，秦败赵将英；公元前314年秦虏赵将庄，攻下蔺地。接连的失败，使赵武灵王深受打击与刺激，也认识到自函谷关攻秦殊非易事。而秦国北方河套地区，与赵国的北部领土相连。赵武灵王设想从云中、雁门出兵，运用骑兵的机动优势，越过黄河南下，千里奔袭秦国的统治中心关中地区。这一战略的关键在于出其不意、长途奔袭。所以赵国进行骑兵建设，就是要拥有突袭秦国的能力。然而，秦国疆域广大，其实绝不是一次闪击就能够击垮的，而且这一战略构想尚未及实施，就随着赵武灵王困死沙丘而烟消云散了。

但赵武灵王曾一度相信，假如这种闪电战式的进攻方式能够实施，秦国一定会被赵国迅速瓦解，或者从此一蹶不振。于是赵国将主力开到西北部边境，不断挤压秦国的生存空间，而且加强对云中、雁门的经营。来自赵国北方的狂飙骑兵，成为悬在秦国头顶的利剑。

当然，为了实现这一战略目标，赵国首先要消灭中山国，以解决奔袭秦国时的后顾之忧。赵武灵王使用北方游牧民族放养的彪悍、善跑、耐久、灵敏的马匹作为赵国骑兵的战马，增强了赵国骑兵部队的战斗力。装备方面，配备骑兵使用的武器长弓和剑矛，与敌人距离较远时在马上弯弓射箭，短兵相接时就用剑和矛刺杀。并以优厚的待遇招募会骑马射箭的人充当骑兵，在原阳建立骑兵集中训练基地，训练出一支具有过硬骑射本领的骑兵部队。同时，还实行以胡制胡的政策，收编楼烦等胡人加入赵国的骑兵队伍。胡服骑射改革取得了卓越成效，使赵国由弱变强，也使赵国具备了消灭中山的实力。

赵武灵王是战国时代一位雄才大略的国君，他眼光远大，思想敏锐，勇于迎接挑战、勇于学习。梁启超认为：商周以来4000余年，北方少数族世为中国患，华夏族与戎狄的战争胜者不及十分之一，其稍足为历史之光者，仅赵武灵王、秦始皇、汉武帝、宋武帝四人，其中最值得我们学习者为赵武灵王。甚至称赵武灵王为"数中国第一雄主"。这一结论虽显偏颇，但也说明赵武灵王及其领导的胡服骑射改革，对中原华夏族与北方游牧族的文化融合进程产生了积极而深远的影响。

与赵武灵王的积极北进相反。鲜的部族曾经从西北一直东进，表现出对华夏文明的渴望与仰慕。定居于太行山东麓以后，中山国对中原的学说和文化进行浸透式的学习与吸收，而那来自草原的雄风则渐渐消失殆尽。

中山王𰯼与赵武灵王,两个王选择了不同的执政方式和行进路线,表现出一种学习与发展中相互交织的变奏。这种变奏的交响,几千年间在中华大地经久不衰。

在中华文明长期的发展过程中,农耕文明创造着制度、规矩与范式,草原文明则带来开放的血性与活力。

文明没有绝对的先进或者落后,善于吸收他人的长处,改进自身的短处,才会不断的发展与进步。在长期的历史发展中,华夏与夷狄水乳交融,互相学习促进。正是在文化的不断融合中,中华民族不断吸收新鲜的血液与力量,中华文明得到一次又一次的涅槃与升华,从而长盛不衰,生生不息。

在一次次文化融合的大潮中,无论是王侯还是百姓,个人的命运仿佛只是大潮中的一朵浪花,但是无数人的命运交织在一起汇就了历史滚滚向前的洪流。

中山王𰯼与赵武灵王,两朵浪花,以不同的方式翻卷而过,汇入时间的长河。

五、赵灭中山

公元前313年,中山刚刚在伐燕中大获全胜,王𰯼就遗憾地去世了。

英年早逝,他应该抱恨中天。

是不是在铸造铁足大鼎和刻铭铜方壶的时候王𰯼就感觉来日无多?

在铜器铭文中,𰯼对后人的嘱托与教诲足以显出一个先辈君王对继任者的殷切希望和无限忧心。

𰯼䇂,那个在铜圆壶上为其父王𰯼写下长篇悼文的继任者,很显然并没有记住父亲的嘱托。他继位后不久，中山国的灭顶之灾便压下来。

《史记·赵世家》记载：公元前309年，赵武灵王"出九门，为野台，以望齐、中山之境"，亲自考察中山国的情况。同时，派李疵前往中山国刺探情况，李疵回来报告说："中山可以攻伐了。君上如果不及时出兵，恐怕要落在齐、燕两国之后。"赵武灵王问其原因，李疵回答说，中山国的君主只重视虚名，"好岩穴之士"，"伉礼下布衣之士"，"战士怠于行阵"，"农夫惰于田者"，"兵弱于敌，国贫于内"。此时距离王𫍰去世不过五年的时间，中山已是兵弱民惰。

公元前307年（赵武灵王十九年），赵国发动对中山国的进攻，较大规模的战争有7次：

公元前307年，赵军拉开进攻中山国的序幕，"北略中山之地，至于房子①"。《战国策·赵策》也记载："赵攻中山，取扶柳，五年以擅滹沱。"

公元前306年，赵军"略中山地，至宁葭②"。同时，赵武灵王还派兵攻打西北的林胡，调发当地兵马。

公元前305年，《史记·赵世家》记载，赵王"攻中山，赵袑为右军，许钧为左军，公子章为中军，王并将之。牛翦将车骑，赵希并将胡、代。赵与之陉，合军曲阳，攻取丹丘、华阳、鸱之塞。王军取鄗、石邑、封龙、东垣"。这次对中山的讨伐，几路大军联合攻击，可谓声势浩大。赵武灵王亲自统率五路大军，分别从中山的南部和西北部大举进攻。赵武灵王指

---

① 今河北省高邑县、临城县一带。
② 宁葭，又作蔓葭、绵蔓，《大清一统志》云："绵蔓故城在今正定获鹿县北。"但有的学者认为其为井陉威州古城。

挥的左、中、右三军从南路进攻，夺取了鄗、石邑、封龙、东垣四邑；牛翦统领的车骑车兵和赵希统领的胡、代之兵会师于曲阳①，从西北路进攻，夺取丹丘、华阳、鸱之塞。赵军势如破竹，中山只得被迫割四邑以求和。

公元前305年，《史记·赵世家》记载，赵武灵王"二十一年，攻中山"。

公元前301年，《史记·六国年表》记载，赵攻中山。

公元前300年，《史记·赵世家》记载，"二十六年，复攻中山，攘地北至燕、代，西至云中、九原"。

面对赵国的进攻，中山国进行了苦苦抵抗，"赵氏攻中山。中山之人多力者，曰吾丘鸩，衣铁甲，操铁杖以战，而所击无不碎，所冲无不陷，以车投车，以人投人"②。可见中山勇士之猛，但可惜已无力回天。

中山进行拼死抵抗时，周边的大国都袖手旁观，中山国孤立无援。《吕氏春秋·先识》记载"中山五割与赵"，《战国策·魏策》也记载"中山数割数伐"。可见，面对赵国的强大进攻，中山国不得不一次次割让土地，以求苟延残喘。

面对此惨败，倘若王𧿒在世，其心何甘？

王𧿒没有培养出一个好儿子。赵武灵王的儿子倒是不错，可是他也没有获得好的下场。

正在伐中山即将胜利之际，公元前298年，正值壮年的赵武灵王突然禅位了，传位于自己的儿子赵何。自此，这位英明一时的君主为自己拉开了悲剧的序幕。

赵武灵王的太子赵章，是其第一位夫人——韩国国君的女

---

① 今河北省曲阳县西北。
② [战国] 吕不韦：《吕氏春秋·贵卒》。

儿所生。而赵何的母亲是赵武灵王应梦而得的美女吴娃，她美丽温柔，深得武灵王宠爱。吴娃病逝后，赵武灵王悲痛万分。为了圆吴娃的遗愿，他没有传位于太子赵章，而把王位传给了吴娃的儿子赵何，自己则号曰"主父"。

公元前296年，"主父"全力攻入中山国都。《周季编略》记："赵主父灭中山迁其王于肤施，还行赏大赦置酒酺五日，齐、燕亦共分中山之地。"

消灭了中山，赵武灵王觉得完成了一件人生大事。此时，他觉得下一件要做的事是灭秦，实现他"九原云中袭秦"的梦想。在实现这个宏大的计划之前，他先要把大后方安顿好。

但让赵武灵王不安的是，赵何在相国肥义的辅佐下很快显出国君的威仪，群臣也争相攀附，这让正值壮年的赵雍倍感失落。而另一边，落寞的废太子赵章却对他恭敬有加，让他心生爱怜。于是，赵武灵王决定"封长子章为代安阳君"。在他的想象中：赵何主政邯郸，赵章驻守北方重镇代郡，他则可以安心治军，从云中、九原出发，狂飙南下奇袭秦国，一举功成。

带着这一番和解家庭纷争、平衡儿子势力的想法，也为了庆贺消灭中山的成功，公元前295年赵武灵王带领赵何、赵章和一众大臣共赴沙丘宫游玩。沙丘宫遗址位于邢台市广宗县平台村南，广宗县境内地势平衍，沙质土壤在多处堆积成丘，故名沙丘。赵武灵王极力平衡两个儿子间的纷争，但在当时的情形下他的种种作为却将他们父子推向万劫不复的深渊。

赵武灵王封公子章于代的想法，遭到宰相肥义的明确反对。赴沙丘时肥义告诉赵何，要做好应变的准备，而赵武灵王则暗示公子章要有所行动。在这样的形势下，赵章假"主父"之命召赵何前往，欲途中加害。大臣肥义察觉情形不对，遂拦住赵何自己亲往，中途惨遭杀害。赵章见事情败露，急领亲兵攻打赵何。大臣李兑与公子赵成早有防备，杀退赵章。赵章见夺位无望，便快马逃入父亲的宫中寻求庇护。

李兑、赵成带兵包围了赵武灵王宫，因赵武灵王拒不交出赵章，便命人进宫搜索赵章并将之杀死。李兑、赵成等人也想趁机除掉这位"太上皇"，但又都不愿承担弑君之名，便向宫中喊话："后出者夷。"宫中侍从纷纷外涌，倾巢而出，但唯独赵武灵王不能出。高高的宫墙内，只留下赵武灵王一人，欲出不能，欲食不得。三个多月后，赵成、李兑进入宫内，见赵武灵王已死，形容枯槁，其状之惨，令人悚然。赵武灵王就这样被"以围代诛"，活活饿死沙丘离宫，终年46岁，一代雄主就此陨落。

赵武灵王为了专心攻秦，让位于赵何，自己当了个"主父"。他想由儿子负责内政，自己致力于从赵国的西北方向秦开拓。然而，这样的权力安排产生了动乱，儿子争夺王位，相互杀戮。赵武灵王壮志未酬，最后孤零零地活活饿死。鉴于这样的悲剧，后世的君王都特别注重抓紧权力不放松，哪怕是对亲生儿子也心存芥蒂。朱棣北伐蒙古时，对监国的太子朱高炽连续敲打；康熙在亲征准噶尔时，也对太子"关爱有加"，概皆缘于此。

赵武灵王天生勇武，是杰出的军事家和改革家。但他在处理王位继承问题上感情用事，酿成内讧，削弱了国力。赵武灵王最主要的问题是忽视了君主权力的独一无二性，在这种权力的排他性中，父子情、兄弟谊都变得虚无和不重要，而且父子、兄弟往往因为是权力最有力的争夺者而成为彼此的头号敌人。

赵武灵王赢了与王譽的对决，当王譽孱弱的子孙们在他风卷残云般的进攻中日渐退却,作为一代英君,他感受到了为先辈雪耻的快乐,他感受到了征服对手的自豪,但是他却输给了自己的儿子。

最终彻底消灭中山的是赵武灵王的儿子赵惠文王,《史记·赵世家》记载:"(赵惠文王)三年(公元前296年),灭中山,迁其王于肤施。"

消灭中山国使赵国领土大增,实力大增,一跃成为傲视群雄的东方强国。《战国策》有云:"中山之地方五百里,赵独擅之,功成名立利附,天下莫能害。"彼时,魏国被秦国夺去了河西,在连年战争中疲于奔命;韩国在各国的挤压下越来越小;齐燕两国正在打得不可开交,楚国则被秦国吊打得有气无力,历史曾给了赵国称霸的机会,如果不是赵武灵王英年早逝,一统天下的机会或许会握在赵国的手中。

攻灭中山国,成为赵武灵王的人生绝唱。在沙丘宫中被困的赵武灵王或许已经悟透自己输给了什么。而他的子孙,最终也没有继承他的英明和勇武,继位的赵惠文王虽聪明而勇力不足,其后的赵孝成王贪图小利,又轻信谗言,导致长平惨败;赵幽缪王忠奸不分,逐廉颇、杀李牧,自毁长城,赵国最终没有躲过被秦所灭的命运。

王璺看到了国家面临的问题,但他对后世的嘱托没有起作用,这是他的悲哀。他也许对英年早逝充满了遗憾,更为遗憾的是他无法与他的对手赵武灵王再进行有力的对决,这可能会是一场强者的对决,是散发着英雄气的对决。但是璺失去了对决的机会,代替他对决的是他的儿子,但是他的后代没有在这场对决中展现出应有的力量。

赵武灵王输给了自己,假如他能够把立储君的问题处理得好……

中山王䚡输给了时间,假如上天能够给他多一些生命时间……

但是,这一切只能是假如。

赵武灵王以自己的胡服骑射改革名传千古,王䚡以中山国的一时辉煌实现了不朽。他们在上天给予的时间里担当了身前功业,这功业也给予了他们抵御时光流逝的身后名声。

每个人的生命都是短暂的,所有的人如果不利用上天给予自己的那一段宝贵时光创造一些价值,那么就会像一朵浪花被时光的流水冲刷得无影无踪。

没有人可以永生,生前的担当与作为,不朽的功业与成就才是获得永生的方式。从这种意义上讲,赵武灵王与王䚡都以自己的方式实现了永生与不朽。

昙梦逝水

一、无奈西归

黄土弥漫的道路上，中山国的最后一代国君——王尚，一路向西。

当强劲的风卷起无情的沙吹进眼睛，他的眼前一定是一片迷茫与朦胧。迷茫间，他望不见前路；泪眼的朦胧中，他想起多少前情！

尚被赵国安排前往那个叫肤施的地方，就是现在的陕北榆林一带，那里是白狄族最初出发东进的地方。

当初的白狄，栖身陕北有着复杂的背景。

春秋时期，强大的北狄族一度南下同中原诸侯争夺生存空间，先侵邢伐卫，后攻齐鲁，纵横中原大地。但北狄部势力的南侵，遭到了以齐、鲁等为首的诸夏的强烈抵抗，"尊王攘夷"成为一时口号。晋文公继位并重振晋国后，"作五军以御狄"，重创北狄部。后经晋景公的继续努力，曾经骁勇一时的长狄和一度势力大张的赤狄先后被晋国消灭。而那个在狄部中一向弱小的白狄，却在陕北地区顽强地生存了下来。

那时的白狄是多么弱小，在赤狄和长狄被灭的形势下苟延，白狄的生存环境又是多么恶劣。

看看它的邻居，一边是春秋五霸之一，虎视眈眈的晋国；

另一边也是春秋五霸之一、野心渐勃的秦国。夹缝中的白狄进退维谷、战战兢兢。

自公元前601年白狄同晋国讲和起，直至公元前6世纪50年代白狄离开陕北东迁，白狄一直夹在秦、晋两国间，时而是晋国用来反对秦国的长矛，时而是秦国抵挡晋国的盾牌，自相矛盾，左右难为。

生存在两个强者的夹缝里，何其艰难！

在那样的环境里生存，弱小的白狄部需要足够的生存智慧。而白狄的生存与发展事实也证明，它有足够的智慧。

在频繁的争霸战争中，晋国受到了很大的削弱，其统治集团各卿室间的权力斗争，也使其实力受损。于是晋对周边狄部采取了新的安抚政策，趁晋悼公接受魏绛和戎政策的机会，白狄离开了陕北，向着梦想中的东方乐土一路前进。

从陕北高原出发，穿过狂掠的风沙，他们一路征战、一路开拓。到春秋晚期，白狄已全部东迁到了冀州，即由陕西省北部东迁到了今山西、河北一带。

东进的路，是血火交织的，他们越过道道山河的险阻，经历无数次血雨腥风的战役，但始终没有停下前进的步伐。

莽莽太行山，万壑千沟纵横。英勇的白狄人也成功翻越，最终在太行山东麓立足并发展。

在新的土地上，他们与群雄对决，并在他们之间游刃有余地周旋，最终在王䜣在位时达到了鼎盛辉煌。

现在，王䜣时代的辉煌一去不返，中山国彻底被赵国战败。

当王尚落魄地行进在折回肤施的路上，不知道他西归的路，与当年先人东进的路是否同辙。只知道他的心情与当年先人东进的心情判若冰火，只知道他的路一眼望得见尽头。

这路并没有多长！这是一条垂败的路，是一条羞辱的路，它只有一个不望即知的尽头。

赵国"灭中山，迁其王于肤施"。失国失位的王尚，他那颓然的身影被永远地留在历史的书页里；失魂落魄的王尚，无力的脚步永远走不出那条名为"失败"的路。

西行的路上，总是迎面撞上西沉的夕阳。

无数次，在夕阳霭霭的余晖里，王尚可曾感受到日落西山时的迅疾与无可挽回。而在他的想象里，先人东进时，一定是迎着东方的晨辉，向着朝阳升起的地方，行走得满怀信心和希望。

王尚已经离开了灵寿古城，但巍巍太行依然耸立，滔滔滹沱依旧流淌。灵寿城里的那些宫殿还在吗？街巷里的百姓是否在战乱平息后依旧平静地穿行？只是，那山河，那城郭，那百姓已经属于新的主人！

黯淡的星光下，刺骨的冷风中，一个亡国之君或许会追忆先祖的荣光，或许会想起先王謦的谆谆嘱托，但是这追忆与回想已经无法挽回他的失败。

亡国的君王，已经无法复原曾经的一切，无法追回一切的曾经。

曾经，中山国占据了优越的地理位置，西倚太行山，既享山林之利，又有丰富的矿产资源；东临广袤的华北平原，土壤肥沃，灌溉便利，农业发达。

曾经，中山国扼晋冀之咽喉，控南北之要道，牢牢控制了连接太行山东西两侧的井陉、蒲阴陉和飞狐陉，也控制了处于南北交通的要冲位置的太行山东麓的山前大道。

曾经，中山国善于兼收并包，在向东迁徙的过程中不断吸收中原华夏文明,形成了游牧文明与华夏文明杂糅的文化特色。"中山三器"铭文表现出极高的文学造诣,其中有大量对华夏文化典籍的引用,儒家的仁政、爱民思想也被借鉴运用,中山文化曾繁盛一时。

曾经,中山国充分注重发展经济,在迁到太行山东麓后,以农耕经济为重,兼有牧业经济、山林经济;发达的东西、南北交通,也为商业的发展提供了条件;交通和商贸带来的巨大活力,进一步推动了经济的发展。中山以"多美物"著称,制陶业、制玉业、铜铁冶铸业均具有很高的工艺水平,丝麻业、酿酒业相当发达。

曾经,中山国有英勇善战的雄风,中山人喜猎、尚武,广泛的田猎活动既是一种娱乐,也是一种军事演练。中山国兵强马壮,武器装备精良,战车轻便灵活,木皮铁杖等独特兵器杀伤力极强。凭借威猛善战的雄风和不屈不挠的精神,中山国屡克劲敌,跻身强国之列。

曾经,中山国善于在大国之间争衡,在列国纷争的战国时期非常善于利用强国之间的矛盾,为本国谋求生存空间和发展时机,从而一次次死而复生、落而后起。

可是,这一切都成了曾经,那些曾经的辉煌与荣耀,都像是风中的沙被吹散,更像风中的烟被吹得无影无踪。

为什么曾经的辉煌如此短暂?为什么先辈们在几百年间创下的基业在十几年间就灰飞烟灭?

此时的王㝴,苦苦地思索:中山失于何?强大的中山究竟是失于何?

二、文化夹缝

春秋时期，不断南下的戎狄部落在一番挣扎后被尊王攘夷的诸侯们逐一征服，成为华夏族的一部分。春秋晚期，血统上的华夷之辨日趋模糊，孔子就注重以文化而非血统来鉴定是否属于华夏，华夏文化因而更为兼收并蓄、丰富多彩。

以白狄为主体建立的中山国长期被视为戎狄异族，但中山国一直表现出融入中原文明的渴望，并坚决地付诸行动。

为了融入华夏，白狄在陕北时期就不断与华夏族通婚。写于公元前578年的那篇著名千古奇文《吕相绝秦》中，就有"白狄及君（秦桓公）同州（同属雍州），君之仇雠，而我婚姻之"句。大名鼎鼎的晋文公的母亲是大戎狐姬，其妻子季隗也是狄部主动献予的。

东迁后的中山人，定居，务农，制作青铜礼器，吸收华夏思想文化，原属北方游牧民族的文化与华夏文化有了充分的融合。

1978年平山墓出土的中山铜钺上，有"中山侯"字样的铭文。根据周代礼制，周边民族的君主无论多强大都只能封子爵，而中山君主的称号是侯爵，地位与周天子的亲属相当，进一步说明中山人融入华夏的程度。

目前关于中山国的完整历史还很难全面概括，但从现存的史书和考古资料看，中山国的发展历史也是戎狄与华夏文化相互融合的历史。中山国对于融入中原的主流文化有强烈的向往，对华夏文化进行了主动的吸收。只不过在动荡不安的战国时代，这样的特色无疑使其在政治上、文化上均变得更加孤立无援。华夏视中山为戎狄异类，戎狄也不把中山当作同类。这也许是中山在文化吸收上的成功，抑或是中山国在文化认同上的失败。

几百年间，中山国一直在寻找融入和认同，但是那时候还没有中华文明共同体的理念，还没有中华文化整合互生的理念。中山，树立了春秋时期游牧民族融入华夏文明的范本，其既有吸收又有创造的英明策略，成就了国家的一时强大，也为后人留下了当时民族融合的宝贵资料。

也许，中山在地域上的夹缝状态，与其在文化认同上的夹缝状态是相类的。这造就了中山在当时生存的艰难和被认同的困难，或许也造成了在以后2000多年间它一直不为史家所重视。也许，这种夹缝状态和尴尬地位也影响了中山国的生存，对它的灭亡产生了或多或少的影响。

但是王尚的思索和今人的思索是不同的。王尚苦苦探寻的是中山国为什么灭亡，而我们则要探讨的是：中山国这样的文化融合范本在春秋战国时代的代表性意义，以及其在中华民族多元一体格局形成历史中的典型性经验。

三、过度崇儒

从孔子开始，儒家一直以归化戎狄为大任，讲求"归服怀远"，认为再偏远的地方只要用礼仪去教化，就能使之改变。也许正是这样的文化情怀，得到了中山国的共鸣与认同，中山国接受并极力奉行在当时被列强所不屑的儒家学说，在吸收华夏文明的过程中对儒学表现出极大的尊崇。

尊崇儒家学说，对于稳定统治是具有一定作用的。中山伐燕时指责燕国"不用礼义，不辨逆顺"，用华夏文化中具有代表性的儒家学说作为舆论武器。在"中山三器"铭文中，也多处有对仁义、尊贤、爱民等儒学思想的宣扬。

但是，在战国时期列强争雄的时代，儒家所提倡的文质彬彬、谦谦君子的仁政，与血火交融的时代大背景格格不入。过于尊崇儒学，完全以其理念治国，其效果并不乐观。

中山过于尊崇儒学，曾一度"伉礼布衣之士以百数"，表现出对隐逸之士的过分推崇，把"国无事不用力，有难不被甲"①的"居学之士"抬到了很高的地位，结果"夫好显岩穴之士而朝之，则战士怠于行阵；上尊学者，下士居朝，则农夫惰于田。战士怠于行阵者，则兵弱也；农夫惰于田者，则国贫也。兵弱于敌，国贫于内，而不亡者，未之有也"。因过于尊崇"贤士"，造成军队作战能力下降、农业生产荒废。

儒家文化在一定程度上软化了中山的尚武精神，《太平寰宇记》中记载"俄而中山武公之后复立，与六国并称王五叶，专行仁义，贵儒学，贱壮士，不教人战，赵武灵王袭而灭之。"②中山国君在"专行仁义，贵儒学"的道路上走得太远，以致"贱壮士，不教人战"。在群雄争霸的战国时代，中山国开始是以猎猎雄风、英勇善战著称的，但当其君主只顾摆出一副慈眉善目、文质彬彬的模样，善待儒者、礼贤下士，宠幸有虚名而不务实的文人，那个虎虎威风的中山国便日渐深陷危险的境地。一个位于四战之地的国家居然不居安思危，不再崇尚武功，只能陷入内忧外患，最终自取灭亡。

孔老夫子一生奔波推行自己的学说，并一直为得不到采纳而郁郁寡欢，倘若地下有知，看到自己的学说被中山国虔诚地奉行，而后又看到曾经不可一世的中山国一步步从强大走向覆

---

① 《韩非子·外储说上》。
② [宋]乐史：《太平寰宇记》，清光绪八年金陵书局刻本，卷之六十二·河北道·定州，第1页。

亡，又会做何慨叹呢？

中山国的故事非常发人深省。一个游牧民族国家在逆境中崛起，几度兴亡，但最后却在发展过程中丧失了尚武的本性，并为求虚名放弃了政治上的灵活度。《战国策·中山策》记载：司马憙出使赵国后，"归报中山王曰：'赵王非贤王也，不好道德而好声色，不好仁义而好勇力。'"①这说明当时中山国君臣上下都认为"好仁义"是治国的正途，而"好勇力"则是歧途。正因如此，在后期与赵的对抗中，中山国的劣势渐显，而优势殆丧。

一个国家在对外交往、吸收外来文化的时候要保持清醒的头脑，对于应当接纳何种文化、采用何种体制，以及如何通过吸收外来文化强大自身等问题需要不断进行思考。对于这一点，前期的中山国是成功的，而后期的中山国则走向了矫枉过正的歧途。

这个借鉴与保留的悖论，王𧍪在位时是不是已有所感触，而他的后人王尚又是如何百思未解？

由于地理位置的关系，几千年来河北大地上演了一幕幕游牧文明与华夏文明交融的历史大戏。在交融中吸收什么、保留什么，一定要始终有清醒的选择。在波翻浪卷的历史长河中，只有顺应历史潮流，正确把握历史大势，才能勇立潮头，成为时代的赢家。

中山国没有警惕片面信奉儒家学说的伤害，从而走向了覆亡。而与中山国形成鲜明对照的是赵武灵王，他敏锐地感觉到胡服骑射对赵国的意义，从而成为成功的改革家。

---

① [汉]刘向：《战国策》，缪文远等译注，中华书局2012年版，第1053页。

四、民风粗野

中山国因具有游牧民族传统，保留了及时行乐的风俗。《史记·货殖列传》记载："中山地薄人众，犹有沙丘纣淫地余民，民俗懁急，仰机利而食。丈夫相聚游戏，悲歌慷慨，起则相随椎剽，休则掘冢，作巧奸冶，多美物，为倡优。女子则鼓鸣瑟，跕屣，游媚贵富，入后宫，徧诸侯。"表明中山国民众长于游艺、耽于享乐、善于投机，并有挖坟掘墓、盗铸货币等传统。

中山国本就有游牧民族传统上刚勇的一面，其地又处于赵、燕之间，皆是民风狷急之地，因此素以民风强悍著称。中山国境内的墓葬较普遍地存在严重被盗现象。已发掘的五座中山王族墓及其十余座陪葬墓中，只有䰾墓的2号陪葬墓未遭盗扰。灵寿古城区一带，已探知的中山国墓葬，绝大部分早期已被盗扰，不少墓葬几成空穴。此地现已发掘的墓葬中，九座春秋时期的墓葬中仅有一座未遭盗扰，战国早期20座墓葬中仅有六座未被盗扰，战国中晚期111座中小型平民墓葬绝大部分被盗扰一空，甚至出现下一辈人即盗掘上一辈人墓葬的现象。[1]可见，中山之地历史上盗墓之风确实一度盛行。这些墓葬被盗扰，与中山国民"休则掘冢"的民间习俗有关。

除了"休则掘冢"，中山国的另一个风俗是"作巧奸冶"，其典型表现是平民非法私铸货币。战国时期，铸币基本上是由政府控制的，各国货币多由官营手工业作坊铸造，除了官方铸币，有些地方政府也授权给某些富商豪民铸币权，但一般平民和商人不允许私铸货币。

---

[1] 河北省文物研究所：《战国中山国灵寿城——1975—1993年考古发掘报告》，文物出版社2005年版，第8页。

政府或是有铸币特权的富商豪民都财力雄厚，其铸铜作坊功能比较齐全，铸币作坊的面积一般较大。中山灵寿城址内的中山国官营作坊区，南北长960米、东西宽580米，遗址区内发现有分布密集的炼炉残迹。但在灵寿城址商业活动区南端的一处房基内则发现了结构较简单的铸炉，其中屋子西南角有冶铜炉四座、东侧有冶铜炉一座，规模均较小，推测为民间铸币作坊使用的小型熔炉。在屋基西侧的长方形坑内，发现了三个大陶瓮，瓮内存放着六个"蔺"布币石范和两副"匽"刀币陶范，另有两种币范残块几十块，灰坑内也堆积着坩埚残块和使用后废弃的币范，似应属民间小作坊。

当然，除了私铸货币之外，私人作坊应该也铸造其他器物，这些应该就是文献记载的中山之人"作巧奸冶"的习俗。私铸之风盛行，对残旧铜器需求量大，又助长了盗墓以获取铸造原料之风。这种方式成本不大但获利甚丰，反映了中山人"仰机利而食"的传统。

中山国的民风不但慓悍，而且还耽于享乐。因过度纵乐而导致亡国，在中山国历史上不止一次。《吕氏春秋·先识》记载，三家分晋后，周威烈王见到晋国太史屠黍，问道：下一个亡国的会是哪个？屠黍回答："中山次之。"周威烈王问其原因，屠黍回答："天生民而令有别，有别，人之义也，所异于禽兽麋鹿也，君臣上下之所以立也。中山之俗，以昼为夜，以夜继日，男女切倚，固无休息，康乐，歌谣好悲，其主弗知恶，此亡国之风也。臣故曰中山次之。""居二年，中山果亡"，即中山国为魏所灭。

中山国的上层社会积极学习华夏文明，仿效建立了整套政治、礼仪制度，吸收了大量仁义礼制元素。但是，中山国的民众依旧保留了游牧遗风。因此，中山国的民风中不羁的一面，既是其勇武善战的保障，也是其失于秩序的原因。

而且，这种上层思想与下层风俗的撕裂，会造成中山国内部统治的诸多矛盾。一方面在维持表面的"文质彬彬"，一方面又难抑传统风俗的羁縻。

中山，也许在矛盾中挣扎了许久。中山国最有作为的国君王𫲨在鼎盛辉煌的时刻是不是也感受到了这种矛盾的刺痛，末代的王尚又是否最终认清了这种矛盾的存在。

在对文明的吸收中，制度和上层思想的改变可以通过统治者的强行手段或大力提倡来推行，但民间风俗的移变则需要长期的浸染过程。

上层文化尊崇华夏儒学，下层民众仍保留游牧民族的不羁之风。王𫲨苦心经营与倡导的礼义之教并没有渗透到民间，粗放的民风也影响了中山的江山稳固。

五、内政腐败

"中山三器"的铭文显示，中山国的文公、武公、桓公、成公和王𫲨几代国君都为了中山国的复兴或发展励精图治、尽心竭力，所以中山国才能一次次死而复生、落而后起。王𫲨在大鼎铭文中也对后辈进行了谆谆教诲，希望其"听用我谋，庶无大悔"的念念之心、切切之情跃然而出。但是"诲尔谆谆，听我藐藐"，从事实的发展看，𫲨的后人并没有听从他的那些嘱托。

"天方艰难，曰丧厥国"，一切仿佛王𫲨预料过的那样。那生长于盛世的𫲨的继任者，忘记了中山国生存的艰难，在庸碌和昏聩中走向覆亡。

首先败坏政局的是司马相邦,《战国策·中山策》记载,"司马憙使赵,为己求相中山",他不但利用赵国的帮助谋求相邦之位,还通过鼓动赵王的贪欲之心为阴姬争后。有这样的相邦,中山君之昏可见一斑;用这样的相邦,中山又焉能不亡?

中山国君治国不明,偏听偏信。《韩非子·内储说下》记载,中山国有个地位低下的公子,他的马很瘦,他的车很破。有个与他私下不和的国君近侍就替他向国君请求说:"公子很贫困,他的马很瘦,大王为什么不增加他的马料呢?"但国君没有答应。于是,近侍就暗中派人在晚上烧了马棚,国君却认为是这个地位低下的公子干的,就处罚了他,这说明中山国君断事昏庸。

《韩非子·说林》记载:鲁丹多次进言中山国君都不被接受,于是花五十金贿赂中山君身边的人。当他再次拜见中山君时,还没有说话,中山君就赐给他酒食。鲁丹出来后没有返回住处就立即离开了中山国。为他赶车的人问:国君见面就善待你,为什么还要离开呢?鲁丹说:中山君因为别人的话对自己好,也就一定会因为别人的话而对自己治罪。果然,鲁丹还没有离开中山国境,中山国的公子就诽谤他是为赵国来进行离间的,于是中山国君就下令搜捕他。

而到王尚在位的时候,昏君佞臣的行为还被记录于典籍。古人认为,在治理国家时君臣之间要互为倚仗,明君贤臣互相影响、感染是国之福祉。而据《吕氏春秋·当染》记载:"舜染于许由、伯阳,禹染于皋陶、伯益,汤染于伊尹、仲虺,武王染于太公望、周公旦,此四王者所染得当,故王天下,立为天子,功名蔽天地,举天下之仁义显人必称此四王者。"《当染》篇认为君主和臣子应当是相互感染的,感染得当国家就会兴盛;

感染不当国家就会败亡。《吕氏春秋·当染》又记载："中山尚染于魏义、偃长……故其国残亡……宗庙不血食，绝其后类，君臣离散，民流亡。"王尚在此被当作昏君与佞臣相染的反面例证，国破家亡在所难免。那些在他的周围的臣子，是误国之臣；而王尚，更是亡国之君！

六、外交失当

中山国国运曲折，历经风雨，战乱不断。由于长期处于危机四伏、列强环伺、征伐不断的生存环境下，在"图存"与"争雄"的双重压力下，因其特殊的国情与经历，中山形成了趋利避害、实用主义的外交方针，与周边大国一直没有建立长期的稳定关系，这虽然有利于其见风使舵、随机应变，但长此以往反而四面树敌，一次次与大国结怨。

中山国其实一直极力在各个大国之间寻求平衡以利于自己的发展。在相当长的一段时间里，中山国这种纵横捭阖的策略也一度获得了成功。

但是，在根基日稳、势力渐强以后，中山国开始不再刻意谋求与周围国家的良好关系，从而四处结怨。

"五国相王"时，齐国是极力反对中山国称王的。中山国在太行山东麓立足、发展在很大程度上得到了齐国的暗中支持，因为齐国不想看到魏、赵的强盛。中山国的存在对于赵国是一个巨大的隐患和威胁，利用中山国这根楔子，可以让赵国时不时地痛痒难耐，这对于齐国自己动手攻打赵国更让齐国开心。但是，齐国也不想中山过于强大，中山不仅在东面与齐国为邻，强大之后对齐国也是威胁，而且中山的势力强大了可能就不再受制于齐国，于是齐国极力反对中山称王。但是中山国为了达到称王的目的，接连两次到齐国进行游说，甚至还进行了一定性质的蒙骗。最后，尽管中山成功称王，但是也因此得罪了齐国，失去了一支重要的依靠力量。

燕国发生"子之之乱"时，中山又趁火打劫，在齐国占领燕国之时乘机掠夺了燕国的大量土地和青铜重器，以致遭到燕国的痛恨。"子之之乱"后，燕国即位的是燕昭王。燕昭王继位后励精图治，筑黄金台、千金买骨、招贤纳士，对于被中山国占地、劫掠的往事没齿不忘。

而对于赵国，中山国更是心腹大患。赵武灵王胡服骑射改革，所要打击的主要对象就是中山。而且与中山国的四处结怨相反，赵国则力求四处结好。公元前321年，赵武灵王娶韩国女为妻，与韩结盟；公元前315年，赵武灵王扶立公子职为燕昭王；公元前306年，赵武灵王迎立公子稷为秦昭襄王；公元前306年，赵武灵王又分别派大臣到秦、韩、楚、魏、齐通好，并打探这些国家的情况，这些都为赵伐中山创造了条件。

因此，后期的中山国虽然表面上看起来已经相当的强大，但在外交上处于孤立无援的地位。在当时的形势下，秦国在追求合纵，魏国在推动连横。中山国虽然被拉入以合纵为目的的"五国相王"集团，但是与其中的魏、韩、赵、燕都没有真正的战略结盟关系。而且，中山国为一时利益，做了不少趁火打劫的事，从而与周边国家关系紧张。

在这种形势下，中山国又处于赵、燕、齐几个强国的合围之中。中山虽貌似强大，但是失去了发展初期对诸国之间形势的敏锐判断力和利用大国之间的矛盾为自己谋求发展机会的灵活应变能力。

此时的中山自恃强大，自以为可以像一个真正的大国那样有独立的外交策略和单挑独斗的能力。但是当赵国进攻中山国时，周围的国家有的袖手旁观，齐、燕则直接与赵国联合进攻。此时，中山国才明白，自己不过是草原上那只没有遮蔽的小鹿，在列强的环伺下它依旧弱小。

中山，曾经在群雄间纵横捭阖得如鱼得水的中山，最后终于没有跳好那需要极好平衡力的舞蹈。也许它厌倦了这累人的舞蹈，也许它只是想稍稍休息一下。但是，战国是强者的时代，停止了舞蹈，停下来休息，就要退场。

最终，曾自视强大而"不自知"的中山国因独力难支，以致惨然败亡。

尾 声

王罌的种种担忧，随着"中山三器"被深埋在了地下；而他所担忧的失败，却在王尚时成为了现实。这一切，仅仅发生在王罌后去世十几年后。

其实，中山灭亡的原因并不是单层面的，冰冻三尺非一日之寒。

《吕氏春秋·先识》记载："白圭之中山，中山之王欲留之，白圭固辞，乘舆而去；又之齐，齐王欲留之仕，又辞而去。人问其故。曰：'之二国者将亡。所学有五尽，何谓五尽？曰：莫之必则信尽矣，莫之誉则名尽矣，莫之爱则亲尽矣，行者无粮、居者无食则财尽矣，不能用人，又不能自用则功尽矣。国有此五者，无幸必亡。中山、齐皆当此。'"

有"商祖"之誉的白圭，是战国时期的著名商人，是一位卓越的经济谋略家和理财家，他游历多国，才智出众，独具慧眼，对各国的政治局势看得十分透彻。他到中山国后，即便国君挽留，仍旧"固辞"而去，并且总结出中山国的"五尽"——信尽、名尽、亲尽、财尽、功尽，他看透中山国已是危机四伏、大厦将倾。

也许在中山国逐渐东迁并积极忘我地投入华夏化的过程中，它也在吸收中不断地失去，失去原有的血性和勇猛，失去独特的我行我素的风格。

中山国在王䰀时代达到了辉煌灿烂的顶峰，但是这登顶的时刻如同昙花一现。中山国在姧蚉时代便迅速走上了下坡路，到王尚时代已是覆水难收。

至今没有发现任何关于王尚的文物，他什么都没有留下，只留下史书上一句"迁其王尚于肤施"，只留下一道西行的落寞背影。

因为年轻，两代末世之君姧蚉、尚都没有来得及规划陵墓。因为灭国，也不知他们抛尸何处。

值得玩味的是，王䰀的随葬品中有很多珍宝，错金银四龙四凤铜方案座、错金银虎噬鹿铜屏风座、十五连盏铜灯、错银双翼神兽、鹰柱铜盆等多件文物堪称绝品，另外还有大量精美的玉器（图36）和精致的黑陶器（图37）。与他的父亲成公墓出土的随葬品相比，可以发现，王䰀在位的20多年间积聚了大量的财富，制造了大量精美的礼器和生活用具，而他则将这些珍贵器物带入了墓中。

尾声

241

图36　透雕双凤黄玉梳

长4.9厘米，宽4.6厘米，厚0.4厘米。

中山王䰀墓出土。

玉梳半透明，梳柄为半椭圆形，正中透雕两只相对站立的凤鸟，双凤长颈相连，曲体回首，身姿柔美，凤的体表用阴线雕琢出羽毛纹，清晰而生动。

图37　磨光压划纹黑陶鸭形尊

通高27.8厘米，长36.2厘米。中山王譽墓出土。

随葬陶明器，尊的流口做成鸭首状，器柄做成上翘的鸭尾状，器足是扁扁的鸭蹼，线条洗练，生动刻画出鸭子的蹒跚可爱之态。

也许，他觉得留给后世一个强大的中山国就足够了，只要中山雄风在，那些珍品自然还可以再造、再得。但是，王譽把可能是桓公复国前用于记录卜辞的石片和象征地位的中山侯铜钺都陪葬入墓却颇让人深思。也许是他的继任者觉得这些都已成为了中山国的历史，已经称王的中山国不再需要那石片做警示，也不再需要标志着"侯"位的铜钺以壮威严。

从这些文物的入葬，我们也能想象，王譽称王后中山国自恃多么强大，而王譽的继任者𧊒䔲又是对自己掌管的国家多么有信心。

当年，王譽墓陪葬大量的珍宝，是为了在地下过上像生前一样豪奢而排场的生活。为了防止遭到盗墓者的劫掠，墓葬与众不同地在椁室的周围设立了独立的库室。正是这种独特的设计，使存放在库室中的大量宝藏在2000多年的时间里躲过盗墓贼的劫掠。

而今天来看这一设计，仿佛就是为了让中山国逃脱被历史永久掩埋的命运，为了有一天能向世人重现雄风，王譽在生前仿佛早有预见地做了精心安排。

正是这些有幸保存下来的文物让沉埋已久的中山国得见天日，从而使王䱷时代的雄风与荣耀再绽光华！

千古中山事悠悠，纵横捭阖几春秋。成败兴亡多少事，王䱷辉煌万古留！